불안 대신 인문학을 선택했습니다

자유롭고 단단한 어른이 되기 위한
43가지 삶의 태도

# 불안 대신
# 인문학을
# 선택했습니다

이윤영 지음

나무의철학

**일러두기**

1. 단행본은 《 》, 논문, 신문기사, 시, 영화 등은 〈 〉로 표기했습니다.
2. 내용 참고 및 문장 인용의 경우 본문 중이나 하단에 출처를 명시했습니다.
3. 도서 및 자료의 정보는 저자명, 제목, 역자명, 출간 연도 순으로 기재하였으며,
   일부 저작권사의 요청에 따라 상세 페이지를 함께 표기하였습니다.

# 도대체 하루라도
# 불안하지 않은 날이 있긴 한가요?

저는 15년 이상 학교나 기업, 도서관, 센터 등에서 수많은 사람들을 만나고, 20년 동안 방송에서 대중들과 호흡하는 글을 쓰는 사람으로 살고 있습니다. 때로는 글쓰기 수업을 위해, 때로는 읽기를 위해, 때로는 인문학적 사유를 넓히기 위해 사람들을 만나면서 느끼게 된 것은, 우리의 인생에서 불안하지 않은 날은 단 하루도 없다는 '불편한 진실'이었습니다.

사랑하는 사람을 잃게 될까 봐, 승진이나 진학, 입사에 실패할까 봐, 내가 지금 누리고 있는 것들을 잃게 될까 봐, 우리는 늘 불안해하며 삽니다. 가슴속 깊이 묻어두고, 애써 단단한 무엇으로 가둬두려 하지만, 불안은 점점 눈덩이처럼 커져만 갑니다. 세월이 지나면 좀 나아질 줄 알았건만 별반 달라진 것이 없습니다.

어느 날, 한 권의 책을 읽으며 이제는 불안을 조금 다른 관점에서 바라봐야겠다는 생각이 들었습니다. 그랬더니 어느새 삶을 조금 더 건강하게 바라볼 수 있는 유연함이 생겼습니다. 관점만 달리 했을 뿐인데 말입니다.

미국의 성인 교육학자 메지로우Mezirow는, 성인은 세상을 인식하고 해석하는 틀, 즉 관점Perspective의 전환을 통해서만 행동의 변화를 이룰 수 있다고 말했습니다. 오랫동안 갖고 있던 신념과 가정을 검증하는 비판적 성찰Critical Reflection, 편견이나 오류, 개인적 관심사를 배제하고 개방적이고 객관적인 태도로 논증과 증거를 검토하는 이성적 담론Rational Discourse, 그리고 이를 통한 실천적 행동이 어른의 삶을 변화하게 만든다는 것입니다. 하지만 관점을 한순간에 바꾼다는 것은 결코 쉬운 일이 아닙니다. 그리고 저는 '그 어려운 것'을 해내기 위한 도구로 인문학을 추천합니다. 다양한 경험은 우리에게 그만큼의 지식을 주기도 하지만, 편견이라는 왜곡된 시선으로 세상을 바라보도록 만들기도 합니다. 이때 인문학이 우리에게 유연하고 건강한 삶에 대한 기준과 태도를 만들어줍니다.

**"인생의 모든 순간에는 인문학이 필요합니다."**

사랑하는 사람을 잃고 실의에 빠졌을 때, 치열한 경쟁에 내몰렸다가 한순간 패배자의 늪에 빠지게 됐을 때, 그 누구보다 자신에 대해 실망했을 때, 우리는 인생에 깊은 의문을 갖게 됩니다. 믿지도 않는 신을 원망하기도 하고, 게으른 자신을 탓하기도 합니다. 하지만 그 순간 우리가 놓치는 한 가지가 있습니다. 바로 삶의 기로에 섰을 때 인간은 보다 성숙한 자아를 만들어 나갈 수 있는 기회를 얻게 된다는 사실입니다. 이 책에는 어른이라면 누구나 겪게 되는 삶의 크고 작은 문제들에 유연하고, 유쾌하게 대처할 수 있는 인문학적 사유를 담아냈습니다. 살면서 마음이 불안하고, 인생이 내 맘처럼 펼쳐지지 않거나 아무리 노력해도 성과가 보이지 않는 막막함을 느낄 때 우리는 누군가에게 조언을 구하고 싶어집니다. 하지만 막상 그 '누군가'를 떠올려보려고 노력해도 마땅한 사람이 없을 때가 많습니다. 부모님이나 가족은 '조언'보다는 '잔소리'

를 되돌려줄 것 같아 염려되고, 선배나 지인들도 하루하루 자신의 일상을 살아가는 것이 버겁게만 보입니다. 나로 인해 걱정거리를 하나 더 보태는 것은 아닌지 마음이 불편합니다. 그렇게 내내 고민만 하다 '이러지도 저러지도' 못한 채 시간만 흘려보내는 날들이 많습니다. 그리고 잘못된 선택을 하곤 합니다.

미국의 철학자 누스바움Martha Nussbaum은 그의 책《시적 정의》에서 대상을 충분히 관찰하고 합리적인 판단을 하는, '분별 있는 관찰자'에 대해 이야기합니다. 삶에서 만나는 수많은 문제들 역시 비슷한 방법으로 해결책을 찾을 수 있지 않을까 생각합니다. 내가 직면하는 여러 문제들을 인문학적 관점으로 '분별 있는 관찰자'가 되어 바라본다면, 하루하루 선택의 기로에서 갈팡질팡하고 불안해하는 모습이 아닌, 단단하고 주체적인 어른의 모습으로 살 수 있지 않을까 생각합니다. 부디 이 책이 무거운 마음으로 매일을 살고 있는 이들에게 '일상을 여행처럼' 한결 가볍고 자유롭게 살아가는 데 필요한 작은 씨앗이 되기를 간절히 바랍니다.

작가 이윤영

# 차례

# 1장

## 누구나
## 한번쯤 만나는
## 삶의 위기

# ● 고독의 쓸모

고독의 사전적 의미는 '세상에 홀로 떨어져 있는 듯이 매우 외롭고 쓸쓸함'[1]입니다. 단어의 뜻에 이미 '외로움'과 '쓸쓸함'이라는 다소 부정적인 감정이 내포되어 있다니 놀랍습니다. 그런데 정말로 고독이 그렇게 '부정적'이기만 한 감정일까요?

중년이 되면 어김없이 마주해야만 하는 것 중 하나가 고

---

1    국립국어원 표준국어대사전 참조

독입니다. 젊은 시절에는 가족, 친구들과 함께하는 시간이 많았지만, 나이가 들어가면서 점점 혼자 지내는 시간이 많아지게 됩니다. 자녀들은 자립하고, 친구들도 이전처럼 자주 만나지 않습니다. 자연의 섭리입니다. 누구든 이 과정을 거치게 됩니다. 문제는 그 순간에 슬그머니 찾아온 고독을 못내 힘겨워하는 사람이 있다는 것입니다. 그러니 우리는 완전한 고독을 받아들이기 전에 미리 조금씩 고독과 친해지는 연습을 해야 합니다.

쇼펜하우어는 '인간은 혼자 있을 때만 온전히 그 자신일 수 있고, 혼자 있을 때 가장 행복하고, 가장 자유롭다'고 말했습니다. 그러므로 '고독을 사랑하지 않는 자는 자유도 사랑하지 않는 자'라고 말입니다. 지그문트 바우만Zygmunt Bauman은 고독은 단순히 외로움의 시간이 아니고, 타인과의 소통에서 의미와 기반을 만드는 숭고한 시간이라고 했습니다. 자기 자신을 알기 위해서는 타인의 도움보다 스스로를 관찰하고 분석하는 고독의 시간이 필요하다는 것입니다. 혼자 있는 시간을 통해 자기 자신이 어떤 사람인지, 자신의 장점과 단점은 무엇인지 파악할 수 있고, 이를 통해 자신을 보다 성장시킬 수 있는 여력이 생깁니다.

수학자이자 철학자인 블레이즈 파스칼Blaise Pascal 역시 고독한 시간을 통해 인간이 보다 깊이 있는 사유를 할 수 있다고 생각했습니다. 인간은 타인과의 소통을 통해 외부 세계를 이해하고 지식을 습득하지만, 내면에 대해서는 타인이 도움을 줄 수 없다는 것입니다. 혼자 있는 시간을 통해서만이 자신의 내면을 깊이 들여다보고, 그 안에서 자신만의 철학을 발전시킬 수 있다는 이 같은 메시지는, 많은 철학자, 사상가들의 문헌에서 공통적으로 볼 수 있습니다. 심리학자 칼 융Carl Jung 역시 고독한 시간을 통해 자아를 깨우치고, 그 안에서 자아와 연결된 신성한 자신의 존재를 느낄 수 있다고 말합니다.

학창 시절, 수필을 가르치시던 저의 대학 은사님은 4학년 마지막 수업 시간에 우리에게 이런 말씀을 하셨습니다. "앞으로 사회에 나가면 인생에서 중요한 결정을 내려야만 할 때가 있을 것이다. 그때는 반드시 누구의 조언도 구하지 말고 혼자 조용히 생각해서 결정하라"고요. 이는 이제 막 사회에 첫발을 내딛는 제자들을 향한 인생의 선배가 주는 삶의 지혜이자 고독에 대한 예찬이었음을 이제야 깨닫게 됩니다.

앞으로 혼자 있을 때에는 종종 핸드폰이나 유튜브 같은 미디어는 잠시 접어두고, 자신에 대해 조금 더 깊이 들여다보는 시간을 가져봅시다. 처음에는 분명 낯설 겁니다. 그동안 우리는 스스로에 대해서 그토록 진지하게 생각해본 적이 없기 때문입니다. 하지만 점차 그 시간에 익숙해지면 고독을 다루는 자기만의 기술을 연마하게 될 것입니다.

프리드리히 니체Friedrich Nietzsche는 그의 책《차라투스트라는 이렇게 말했다》에서 "고독이야말로 인간이 가질 수 있는 가장 순수한 즐거움"이라고 말했습니다. 고독이 내면으로 향하는 시간인 것은 충분히 공감하지만, '가장 순수한 즐거움'이라는 표현은 과연 어떤 의미일지 궁금합니다.

니체는 차라투스트라의 이야기를 통해 고독이 개인의 내면에 존재하는 '슈외흐테Schwäche'를 극복하고, '슈타테로스 Stärke'를 강화시키는 데 도움이 된다고 주장했습니다. 독일어로 '슈타테로스'는 힘, 용기, 집중력, 책임감, 자기관리 등을 나타내는 긍정적인 표현이고, '슈외흐테'는 약함, 부정적인 감정과 인생관 등을 나타내는 표현입니다. 다시 말해 고독은 부정적이고 약한 감정이나 인생관을 걷어내고, 힘과 용기, 집중력, 책임감, 자기관리 등 긍정적인 요소들을 더욱 강화시켜준다는 것입니다. 그의 말 속에는 고독을 삶의 일부분으로 받아들이고, 그 시간을 무엇으로 채울 것인가에 집중하는 것이 개인의 영혼을 성장시키는 기회가 된다는 메시지가 담겨 있습니다.

그럼에도 불구하고 인간에게 고독은 여전히 난제입니다. '나는 고독보다 좋은 길동무를 본 적이 없다'고 고백한 이 시대 최고의 '고독가' 헨리 데이비드 소로Henry David Thoreau는, 스스로 세상과의 단절을 선택하고 자연으로 들어가 고독으로 자신을 몰아갔습니다. 그는 호숫가 숲속에서 2년여 동안 홀로 살았던 이때의 경험을 《월든》이라는 훌륭한 고전으로 남겼습니다. 소로는 고독을 선택한 사람을 '소박하고 용감한 사람'이라고 말합니다. 아마도 소로의 삶을 통해 고독을 대하는 관점에 대한 힌트를 얻을 수 있을 듯합니다.

고독을 길동무처럼 친근하게 여기긴 어려워도, 용감하게 스스로 선택하진 못할지라도, 그것을 긍정적으로 활용할 수 있는 방법에 대해 고민하는 것만으로도 우리는 조금 더 능동적인 삶의 태도를 갖게 됩니다. 고독을 나의 성장과 발전에 투자할 수 있는 시간과 기회라고 인식하세요. 이러한 접근 방식을 통해 고독 역시 내 인생의 소중한 한 부분이 될 수 있습니다.

# ● 불안이 주는 긍정 효과

　　중년이 되고 자주 느끼는 감정 중 하나가 불안입니다. 그동안 잘 해왔다고 생각했지만 막상 나이가 들고 보니 뭐 하나 제대로 이뤄놓은 것이 없고 '손안에 쥔 것'이 아무것도 없다는 느낌이 들어 허탈한 마음이 듭니다. 그러다 막연한 노후의 고독과 은퇴 후 생활, 죽음에까지 생각이 미치면 불안이 밀려오기 시작합니다.

　　독일의 철학자 하이데거는, 이러한 부정적 감정인 불안에 대해 새로운 철학적 관점을 제시합니다. 그는 애초에 인간의 존재 자체가 불확실성과 불안에 둘러싸여 있다고 말합니다. 불확실성과 불안은 인간의 삶에 항상 존재하는 것이어서 이를 해결하거나 완전히 제거할 수는 없다는 것입니다. 인간 내면의 가장 근본적인 감정이 바로 불안이며 그렇기에 불안은 특별하지 않은, 우리 안에 '항상 내재된 성질'이라는 것이지요.

생각해보면 우리는 정말 사는 내내 불안과 함께였습니다. 보통 10대 때에는 학업과 진로에 대한 불안을 갖게 됩니다. 20대에는 일과 직장, 인간관계에 대한 불안이 있습니다. 30대에는 결혼과 육아, 안정된 미래에 불안을 느끼게 되고, 40대에는 노후와 건강, 은퇴에 대한 불안이 있습니다. 이렇게 우리는 인생의 단계마다 뒤따르는 큰 걱정과 불안은 물론이고, 각자 저마다의 크고 작은 근심거리까지 짊어지고 살고 있습니다. 이렇게 따져보니 조금씩 사정만 다를 뿐 누구나 평생 불안에 둘러싸여 살고 있다는 것을 새삼 깨닫게 됩니다.

그런데 이렇듯 일상에서 늘 불안을 안고 살다 보니, 그것이 '나'라는 존재를 인식하고 들여다볼 수 있는 중요한 열쇠가 된다는 사실을 알게 되었습니다. 지금 여러분 안에 이유 모를 불안이 느껴진다면 우선 그것의 정체를 잘 살펴보아야 합니다. 그 감정의 실체를 하나하나 뜯어보는 과정이 곧 여러

분 자신을 더 깊이 알 수 있는 기회가 될 것입니다.

하이데거는 불안을 통해 삶의 방향성과 목적을 찾아가라고 말합니다. 그는 "불안해함은 처해 있음으로서 세계-내-존재의 한 방식이다"[2]라고 말합니다. 말 그대로 우리는 불안을 통해 스스로의 존재를 깨닫게 됩니다. 그리고 더 나아가 이를 통해 존재의 목적과 삶의 방향성을 찾을 수 있습니다. 따라서 하이데거의 말처럼 불안을 회피해야 할 대상이 아니라 나라는 존재를 자각하고 깨닫게 해주는 도구로써 인식하는 것이 중요합니다. 그리고 이를 위해 나는 어떤 것에서 불안을 느끼는지, 내가 가지고 있는 불안의 정체에 대해 좀 더 깊이 있게 숙고하는 시간을 갖기를 제안합니다.

하이데거에 따르면, 불안은 현재 상태와 미래에 대한 불확실성에서 비롯됩니다. 종종 공포와 비슷한 감정으로 오인되기도 하지만 불안과 공포는 확연히 다릅니다. 불안은 그것을 일으키는 대상이 불명확한 반면, 공포는 그 대상이 명확합니다. 따라서 공포는 그 대상을 제거하기만 하면 공포에서 벗

---

[2]    참고 도서: 마르틴 하이데거, 《존재와 시간》, 까치, 1998

어날 수 있습니다. 고소공포증이 있는 사람은 높은 곳에 올라가야 할 상황을 피하면 공포에서 벗어날 수 있습니다. 하지만 불안은 다릅니다. 원인에 대한 불명확성 때문에 우리를 지치고 피곤하게 합니다. 그래서 우리는 공포처럼, 불안을 일으키는 것들을 없애고 싶어 합니다. 불안이 없어야 마음의 평화와 안정된 삶을 누릴 수 있다고 생각하기 때문입니다.

먼저 불안 요소를 꺼내어 그 안의 '걱정거리'들을 제거하는 연습을 해봅시다. 예를 들면 승진 시험에 떨어질까 봐 불안함을 느낀다면, 보다 더 철저하고 체계적으로 시험 준비를 하는 것입니다. 또 낯선 환경이나 장소에 대한 불안이 있는 분이라면 약속 장소에 예정된 시간보다 일찍 도착해보세요. 그리고 주변을 둘러보면서 낯선 장소와 환경에 익숙해질 수 있는 시간을 갖는 겁니다. 그렇게 자신을 둘러싼 불안의 요소들을 파악하고 하나씩 극복해나가는 겁니다.

누군가와 관계가 불안한 상황이라면 그 사람과의 관계를 다시 정리해보면서 내가 어떤 행동과 생각을 취해야 하는지 고찰해보는 시간을 갖습니다. 이를 통해 그와의 관계를 개선하거나, 나와 맞지 않는 관계라면 과감히 정리하는 등의 다음 행동으로 나아갈 수 있습니다. 이렇게 자신을 둘러싼 부정적 감정들을 파악하고 하나씩 없애나가는 훈련을 해보는 겁니다. 그렇게 되면 내가 느꼈던 불안은 나라는 '존재의 가능성'을 더욱 밝히는 힘이 될 것입니다.

나이가 들수록 불안과 같은 부정적인 감정에 더욱 적극적으로 대처해야 합니다. 막연한 근심, 걱정거리를 그대로 둘 것이 아니라 나는 어떤 사람인지를 자각하고 발전하게 해주는 소중한 '감정'이라는 것을 인지하고, 나를 더 새롭게 발전시켜주는 에너지로 활용해보기를 바랍니다.

# ● 실패도 사랑하라

우리는 살면서 온갖 것들을 욕망하지만 '실패'만은 늘 제외됩니다. 실패하기를 원하는 사람도 없고, 실패를 위해 애쓰는 일은 더더욱 없습니다. 이는 나이가 들어도 마찬가지여서, 남녀노소를 불문하고 우리는 언제나 성공만을 갈구합니다. '어떻게 하면 실패를 덜 할까?', '어떻게 하면 실패를 피해 갈 수 있을까?' 온통 실패하지 않는 방법에만 관심이 집중됩니다. 하지만 우리는 압니다. 아무리 피해 다녀도 실패는 항상 우리 곁에 있다는 사실을요. 매일 우리는 수많은 실패를 겪으며 삽니다. 실패는 작정하고 오는 게 아니라 부지불식간에 우리의 일상에 침투합니다. 처음에는 '작은 성공'의 옷을 입고 오기도 합니다. '환희'나 '희열', '기쁨'의 이름 뒤에 숨어 있기도 합니다. 그래서 때로는 '설마 내가 실패할 리 없어' 하며 자만에 빠지게도 만듭니다.

'레슨런Lesson-Learned'이라는 말이 있습니다. 실패를 통해 얻을 수 있는 교훈 혹은 배움이라는 뜻으로 쓰이는 비즈니스 용어입니다. 성공을 통해 얻을 수 있는 깨달음이 아닌, 실패를 통해서 얻게 되는 배움을 일컫는 말입니다.

수많은 세계적 거부들을 만났던 성공 철학의 대가 나폴레온 힐Napoleon Hill은, "성공이 찾아오기 전에는 반드시 실패가 먼저 찾아온다"고 말했습니다. 그러면서 "실패를 하면 성공에 거의 도달한 것이니 기뻐하라"고 덧붙입니다. 영국의 정치가이자 작가인 윈스턴 처칠Winston Churchill 역시, "성공은 최종적인 것이 아니며, 실패는 치명적이지 않다. 중요한 것은 계속하려는 용기"라고 말합니다. 이들이 말하는 실패는 성공을 위해 겪어야 하는 과정 중의 경험일 뿐이지 최종 결과가 아닙니다.

안타깝게도 사람들은 어른이 되고 나이를 먹을수록 실패 후에 더 크게 낙담합니다. 피부의 탄력만큼이나 마음의 회복탄력성도 뚝 떨어지는 것일까요? 어릴 때에는 걸려 넘어져도 툭툭 털고 다시 일어섰던 작은 허들도, 나이가 드니 크게 다가와 그 앞에서 감히 넘을 생각조차 하지 않습니다. 넘다가 자칫 넘어지기라도 하면 아예 다시 일어날 생각을 하지 않는 사람들도 많습니다.

러시아의 대문호 도스토예프스키Dostoevsky는 세기의 지성으로 평가받고 있지만, 사실 그의 인생은 실패와 역경으로 가득했습니다. 어린 시절 아버지가 돌아가시고 내내 빈곤 속에 살면서 사람, 사회와는 동떨어진 고독한 생활을 해야 했고, 나중에는 정치적인 사건에 휘말려 사형 직전까지 갔다가 간신히 목숨을 건졌지만 시베리아로 유배를 가야 했습니다. 도박 중독으로 인해 평생 돈에 쫓기는 삶을 살아야 했고요. 하지만 이런 삶 속에서도 그는 《죄와 벌》, 《카라마조프가의 형제들》과 같은 명작들을 탄생시켰습니다.

빈센트 반 고흐Vincent Van Gogh 역시 생전에 자신의 그림을 단 한 점 밖에 팔지 못한 화가로 유명합니다. 당시에는 그 누구에게도 주목받거나 사랑받지 못해 고독과 빈곤 속에서 외롭게 예술 세계를 펼쳐야 했습니다. 하지만 그는 결코 꺾이지 않았습니다. 화상畫商인 동생에게 보내는 편지에서 "위대한 일이란 그저 충동적으로 이루어지는 것이 아니라 연속되는 작은 일들이 하나로 연결되어서 이루어진다"[3]라고 했습니다. 아무런 성과 없이도 꾸준히 자신의 길을 걸었던 그의 내력이 느껴지는 대목입니다. 지금 우리는 누구도 고흐를 실패한 화가라고 부르지 않습니다. 오히려 세계에서 가장 사랑받는 화가로 평가받고 있습니다. 우리가 그의 작품을 접할 수 있고 그토록 감동할 수 있는 이유는 고흐가 아무도 관심을 갖지 않는, 어쩌면 실패했다고 여겨지는 자신의 예술을 실패로 받아들이지 않고 작은 일 하나하나를 쌓아나감으로써 위대한 일을 이룬다는 마음으로 부단히 노력했기 때문입니다.

사회는 우리에게 '잘' 실패하는 방법을 가르쳐주지 않습니다. 20대에게도 50대에게도 실패는 똑같이 낯설고 두려운 경험입니다. 아무도 가르쳐주지 않으니 온전히 자신이 겪어내며 체득해 깨달은 범위에서만 배울 수 있습니다. 그러니 자신을 위해, 그리고 사랑하는 주변의 젊은이들에게 물려줄 경험치를 위해, 지금부터라도 부지런히 실패를 연습해야겠습니다.

그럼에도 불구하고 스스로 실패를 만들지 않기 위해 경

---

[3]    빈센트 반 고흐, 《반 고흐, 영혼의 편지 1》, 신성림 옮김, 위즈덤하우스, 2019, 93쪽

계해야 할 것은 분명히 있습니다. 바로 과거의 경험입니다. 이전의 성공했던 '경험'은 나를 살찌우는 좋은 '기억'이 되지만, 그로 인해 자칫 냉정함을 잃게 만들기도 합니다. 높은 경험치는 분명 장점을 가지고 있습니다. 그러나 반드시 단점도 있습니다. 그러니 과거와 비슷한 상황에서 비슷한 일을 하게 되더라도, 이전의 경험만으로 쉽게 일을 진행해서는 안 됩니다. 누구나 세월이 쌓이듯 과거의 경험이나 영광이 쌓이기 마련입니다. 과거에 머물러 있지 않기 위해서는 새로운 사람이나 일을 대함에 있어 과거의 좋은 기억을 좀 더 객관적으로 돌아보는 노력이 필요합니다. 잘했던 일은 물론이고 성공이라는 이름 안에 숨겨져 있던 잘못했던 일까지 고루 상기해보는 연습을 해야 합니다.

더불어 시간의 흐름도 간과해서는 안 됩니다. 세상은 너무나 빠르게 변하고 있습니다. 하루 이틀 사이에도 존재하지 않았던 기술이나 이론들이 새롭게 나타나고 적용됩니다. 불과 얼마 전까지만 해도 '진리'라 여겼던 것이 잠깐 사이에 구세대 유물이 되어버리는 요즘입니다. 1, 2년도 상당히 긴 시간의 간극으로 느껴질 만큼 급변하는 세상에서, 5년, 10년 전의 경험으로 현재를 상대해선 안 되겠지요. 시간의 흐름이나 가치의 변화를 놓치는 것은 실패를 부르는 가장 큰 요인 중 하나라는 것을 기억해야 합니다.

살면서 실패를 피할 길은 없습니다. 엄밀히 말하면 실패 없는 인생은 없습니다. 인생을 펼쳐놓고 봤을 때 확률적으로도 성공할 확률보다 실패할 확률이 더 크니까요. 그러니 실패를 훈련하는 일은 생각보다 중요합니다. 실패를 제대로 공부하려면 실패를 위해 내는 수업료를 아끼지 말아야 합니다. (단, 너무 크게 지불하지는 맙시다.)

어느 방송에서 개그맨 박명수 씨가 이런 말을 했습니다. "중요한 것은 꺾이지 않는 마음이 아니라 꺾여도 계속 하는 마음"이라고요. 위트 있는 말장난 같지만 그 안에는 오랜 시간 방송인으로 자신의 입지를 지켜온 그의 의지가 담겨 있습니다. 꺾였던 마음, 즉 실패를 다시 잘 들여다보고 그 안에서 내가 배울 것, 다음의 시도에서 보완해야 할 점들을 살피는 노력이 중요합니다. 그러한 과정이 결국 인생의 성공으로 가는 길이자 내면의 힘이 될 것입니다.

# ● 분노를 경계하는 마음

요즘 연일 보도되고 있는 사건사고 뉴스에서 가장 많이 등장하는 단어는 '화', 즉 분노입니다. 화가 나서 물건을 부수고, 화가 나서 사람을 때리고, 화가 나서 불을 지르는 등 분노의 수위는 점점 높아지고 있습니다. 인간의 감정 중 가장 두려운 것 중 하나가 바로 분노입니다. 분노는 단순한 화를 뛰어넘습니다. 누군가를 다치게 하거나 큰 사고로 이어질 수 있는 강력한 공격성이 내재되어 있기 때문입니다. 인간의 자연스러운 감정 중 하나임에도 경계하고 신중히 다루어야 하는 이유이기도 합니다.

정신건강의학과 전문의 오은영 박사가 진행하는 아동 상담 프로그램이 있습니다. 그런데 그 프로그램의 시청자 중에는 육아를 하지 않는, 20, 30대 청년층이 꽤 높은 비중을 차지하고 있다는 분석 결과[4]가 나왔습니다. 자신의 어린 시절을 떠올리면서, 뒤늦은 치유를 받는다는 마음으로 챙겨보는 분들이 많다고 합니다. 육아 예능이라는 타이틀로 시작된 프로그램이지만 세대를 뛰어넘는 인간의 보편적인 심리를 보듬는 과정에서 다양한 세대에게 위로를 전하고 있는 것입니다.

해당 프로그램에는 자신의 감정을 분노로 표출하는 아동들이 자주 출연합니다. 분노는 나의 상황이나 감정이 불안정하다는 것을 그대로 드러내는 표현입니다. 불안해서 분노하는 경우도 있고, 무서워서 분노하는 경우도 있습니다. 자신의 낮은 자존감이 분노로 표출되는 경우도 많습니다. 분노라는 겉으로 표현되는 감정은 비슷하지만 그 안에는 사람에 따라 여러 가지 층위의 감정들이 숨어 있음을 알 수 있습니다.

[4]    참고 자료: 신문 기사, 〈육아 예능 '금쪽같은 내 새끼'가 2030 울린 '힐링물'된 까닭〉, 경향신문, 2021. 8. 30

오은영 박사는 출연 아동이나 부모가 분노에 찬 행동을 보일 때 이런 말을 자주합니다. "이 가족에게는 상당한 어려움이 있어 보입니다. 우리가 힘을 모아 도와주어야겠어요. 제가 힘닿는 데까지 도와드리겠습니다." 그녀의 말을 유심히 들어보면 대상에 대한 연민의 정이 담겨 있다는 것을 느낄 수 있습니다. 여러 문제해결 프로그램 중에서도 오은영 박사가 출연하는 프로그램이 대중들에게 인기를 끄는 이유는 아마도 그녀가 표현하는 대상에 대한 연민에 보는 이들 역시 위로받기 때문이 아닐까 짐작해봅니다. 대상에 대한 질책과 비난이 아닌, 안쓰러워하고 함께 아파하는 마음이 시청자들에게까지 온전히 느껴지기 때문이지요.

이러한 오은영 박사의 언어 표현과 유사한 방식의 대화법이 있습니다. 바로 마셜 B. 로젠버그가 말하는 '비폭력대화'입니다. 그는 동명의 저서에서 다음과 같이 말하고 있습니다.

'삶에서 내가 원하는 것은, 가슴에서 우러나와 서로 주고 받을 때 나와 다른 사람 사이에서 흐르는 연민이다.'[5]

비폭력대화는 기본적으로 연민에서 시작됩니다. 비폭력

대화의 언어는 인간을 연민에 머무를 수 있게 하는 힘을 가집니다. 그렇기에 분노에 휩싸인 사람에게 연민으로 접근해서 서로가 서로의 가슴을 맞대고 이야기할 수 있도록 통로를 열어줍니다. 이는 '우리 마음 안에서 폭력이 가라앉고 자연스럽게 본성인 연민으로 돌아가는 상태'가 되도록 해줍니다.

비폭력대화법은 4가지 단계로 진행됩니다. 첫 번째 관찰Observations, 두 번째 느낌Feelings, 세 번째 욕구Needs, 네 번째 부탁Requests입니다.

예를 들어, 어떠한 상황이 발생하면 우선 있는 그대로의 상황을 관찰합니다. 상대방의 말과 행동에 대한 좋고 싫음, 판단, 평가를 배제한 상태에서 최대한 구체적이고 명확하게 바라보는 것을 뜻합니다. 두 번째는 그 행동을 보았을 때의 느낌을 표현하는 것입니다. 아프다거나 두렵다거나 기쁘다거나 슬프다거나 하는 등의 자신만의 감정을 말로 표현합니다. 세 번째는 자신이 알아차린 느낌이 내면의 어떤 욕구와 연결되는지 설명합니다. 이때 중요한 것은 정확하고 솔직하게 표현

5    마셜 B. 로젠버그, 《비폭력대화》, 캐서린 한 옮김, 한국NVC출판사, 2017

하는 것입니다. 네 번째로 내 삶을 풍요롭게 하기 위해 상대가 해주기를 바라는 것을 말합니다.

나이가 들수록 몸은 점점 약해지고, 몸이 약해지면 자연스레 정신도 약해지게 됩니다. 그러니 이전에는 너그럽게 보아지던 것들도 괜히 가시눈을 뜨고 보게 되기도 합니다. 평소에 몸과 마음을 잘 돌보지 않으면 작은 감정도 크게 부풀려질 수 있습니다.

여러분 자신이나 혹은 주변에 자주 화를 내거나 분노하는 사람이 있다면 비폭력대화의 네 가지 단계를 밟으며 함께 대화하는 연습을 해보세요. 저는 《비폭력대화》를 읽고 지인들과 실제로 연습을 해보았습니다. 상대가 분노를 느끼는 상황을 관찰하고, 그 관찰에 대한 느낌을 표현한 후, 그 느낌을 통해 내가 느꼈던 욕구는 무엇인지 열거하고 나서, 그렇다면 우리의 일상을 보다 평화롭게 만들기 위해 서로 어떻게 행동을 바꿔나가야 하는지 상대방에게 구체적으로 요청해보았습니다. 생소한 연습에 처음엔 서로 낯설어 쭈뼛거리는 분들이 많았지만, 한 달간의 훈련 후 우리에게 놀라운 변화가 있다는 사실을 체감하게 되었습니다. 이 네 가지 단계의 논점에 대한 솔직한 생각을 표현하는 것만으로도 상대방의 분노가 줄어드는 것을 느꼈고, 이를 통해 정서적인 안정을 얻게 되었습니다.

분노는 분명 경계해야 할 마음의 표현입니다. 분노가 또 다른 분노를 만나 산불처럼 커지기 전에 우리는 연민의 마음으로 그 불을 꺼야 합니다. 그러기 위해 나와 상대의 분노를 잘 관찰하고 바라보는 연습부터 해야겠습니다.

# ● 타인과의 비교

"SNS를 보면 나만 우울하고 나만 불행한 것 같아요⋯"

평소 SNS에 공개하는 글쓰기를 종용(?)하는 저의 입장에서는 요즘처럼 난감한 때가 없습니다. 플랫폼의 다양화로 대부분의 사람들이 SNS 계정 하나쯤은 가지고 있는 시대입니다. 활용 목적도 저마다 다양합니다. 누군가는 일상의 기록을 위해, 또 누군가는 자신 혹은 사업의 홍보를 위해 사용합니다. 목적이 무엇이든 각자의 필요에 따른 것이기에 SNS에 노출하는 정보의 양이나 종류에 있어 무엇이 옳은지 그른지 딱히 정답이 있지는 않습니다. 그런데 문제는 굳이 알고 싶지 않은 개인 정보까지 무방비로 접하게 된다는 사실입니다. 누가 어디에 살고 무엇을 먹고 누구를 만나는지, 또 무엇을 입고 무엇을 사고 무슨 일을 하는지, 나와 전혀 상관없는 사람의 일상까지 너무 깊숙이 보게 됩니다. 그리고 이러한 정보들은 알게 모르게 꽤나 폭력적으로 다가옵니다. 정보가 노출되는 플랫폼이 많아질수록 이를 접하는 사람들이 상대적인 박탈감과 우울, 열등의식으로 괴로워할 가능성 또한 높아지게 됩니다. 아예 몰랐다면 생기지 않았을, 누군가와의 비교로 인한 열등감을 느끼기 시작하는 것입니다.

　타인과의 비교는 자신을 좀먹습니다. 비단 SNS에서뿐만이 아닙니다. 같은 대학을 졸업한 친구가 나보다 훨씬 많은 연봉을 받고 있다는 사실을 알게 되었을 때, 비슷한 재산을 가졌던 누군가가 재테크에 성공해 재산을 크게 불렸을 때, 지인의 자녀가 내 자녀와는 다르게 명문대에 합격했을 때 등 우리는 살면서 꽤 자주 타인과 나를 비교할 수밖에 없는 상황에 놓이게 됩니다.

　심리학자 아들러Alfred Adler는 열등감을 인간 행동의 동기로써 주목합니다. 아들러는, 열등감에는 건전한 열등감과 건전하지 않은 열등감이 있다고 말합니다. 건전한 열등감은, 타인이 아닌 이상적인 자신과의 비교를 통해 발전된 모습으로 나아가려는 동력이고, 이는 내가 성장을 통해 사회에 공헌하는 사람으로 거듭날 수 있도록 이끌어줍니다. 반면, 본인이 아닌 타인의 모습에 비추어 열등감을 갖게 되거나 그로 인해 우월 욕구가 극심해진 사람은, 타인을 적대시하거나 정상의 범주에서 벗어나려고 하는 이상행동을 보이기도 합니다. SNS 속 타인과 자신을 비교하면서 우울감을 느낀다면, 그 역시 건전하지 못한 열등감에 속할 것입니다.

타인을 완전히 배제한 채로 살아갈 수는 없습니다. 인간은 사회적인 동물이기에 타인과 협력, 공존, 상호작용을 하면서 살아갑니다. 어쩔 수 없이 알게 되는 타인의 화려한 생활과 성과를 자신의 것과 비교하지 마세요. 흔히 'SNS에는 절망이 없다'고 합니다. 당연한 말이지만 보이는 것이 다가 아니라는 것이지요. 인간으로서 살아가는 데 각자가 느끼는 행복과 불행은 저마다 종류가 다를 뿐 양은 비슷하다고 하지요. 그러니 나에게 보이는 그것에만 너무 집착하고 마음을 빼앗길 필요가 없습니다.

그렇다면 누구나 피해갈 수 없는 이 타인과의 비교와 그로 인한 열등감은 어떻게 긍정적인 에너지로 바꿀 수 있을까요? 중년 여성의 멘토로 유명한 김미경 작가는 이러한 비교에서 오는 열등감을 '성장 기회'로 삼으라고 조언합니다.[6] 나보다 나은 사람을 보면 부러운 마음이 드는 건 누구나 같지만, 거기에 머무르지 말고 한 발짝 더 나아가 '나도 해봐야지'가 되어야 한다는 것입니다. 타인의 성공을 막연하게 우러러볼 것이 아니라 그들의 이야기나 경험에서 동기를 얻어 나의 노력과 성장의 발판으로 삼으라는 메시지입니다.

타인과의 비교 대신에 '어제의 나'와 비교하는 것도 열등감을 긍정 에너지로 전환시킬 수 있는 좋은 방법입니다. 어제의 나에 비해 오늘의 나는 얼마나 더 책을 읽었고, 운동을 했으며, 좋은 일을 했는가를 스스로 점검해보세요. 이런 과정을 통해 우리는 자연스럽게 성장 동기를 얻을 수 있습니다. 어제보다 더 나은 버전의 자신을 만들려는 의지가 열등감을 긍정적인 에너지로 바꾸어줄 것입니다.

열등감은, 긍정적인 에너지로 활용할 수만 있다면 나의 성장과 발전을 촉진시키는 중요한 자원이 될 수 있습니다. 무

---

**6**    참고 도서: 김미경, 《김미경의 마흔 수업》, 어웨이크북스, 2023

엇보다 부정적인 감정도 나를 위한 것으로 활용하겠다는 능동적인 마음가짐을 갖는다면 매일 조금씩 더 발전하는 자신을 발견할 수 있을 것입니다.

# ● 친구를 곁에 두는 일

흔히 가깝게 오래 사귄 사람을 우리는 '친구親舊'라고 합니다. 친구라는 말에는 '가깝게' 그리고 '오래 사귀었다'는 전제 조건이 달려 있습니다. 거리감과 시간이 친구가 되는 데 있어 상당히 중요한 요건임을 알 수 있습니다. 중년이 되면 어느새 주변에 친구들이 줄어든다는 것을 체감하게 됩니다. 더 '가깝게', 더 '오래 사귀었음'에도 불구하고 왜 친구는 점점 줄어드는 걸까요?

아리스토텔레스는 친구와 우정에 대해 깊이 성찰했던 대표적인 철학자입니다. 그는 책 《니코마코스 윤리학》에서 상당한 분량을 할애해 우정에 대해 설파하고 있습니다. 아리스토텔레스는 완벽한 삶을 '에우다이모니아Eudaemonia'라고 정의합니다. 그리고 그러한 삶의 조건 중 하나로 '좋은 친구'를 언급합니다.

그는 친구들 세 가지 유형으로 나누어 정리했습니다.

첫 번째는 유용한 친구입니다. 유용한 친구는 서로에게 실질적인 도움을 주고, 목적을 추구하는 관계를 말합니다. 이 우정은 서로의 '목적'과 '실리'가 부합하지 않으면 쉽게 깨진다는 특징을 갖고 있습니다. 아리스토텔레스는 중년 이상 나이 든 사람들의 친구 관계에서 이런 유형의 우정을 쉽게 발견할 수 있다고 말합니다. 사업이나 일 등 비즈니스 관계로 만나 친해진 사람들이 이런 친구라고 할 수 있습니다. 함께 시간을 보내지만 상황과 목적이 바뀌면 언제든지 관계가 변할 수 있는 그런 친구입니다.

두 번째 유형은 즐거움을 추구하는 친구입니다. 함께 있으면 재미있고 즐거운 감정을 나눌 수 있는 관계입니다. 인생 전반기인 20, 30대에는 즐거움을 추구하는 친구 관계가 주를 이룹니다. 하지만 시간이 지나 서로의 관심사나 취미가 바뀌거나 각자의 상황이 어려워져서 즐거움을 추구할 여력이 없어지면 이 관계는 금방 식게 됩니다. 나의 상황이 좋지 않아 조금 힘든 이야기를 꺼내려고 하면 '왜 갑자기 심각한데?', '인생 고민은 혼자 다 하냐?'라는 말을 듣기도 합니다. 더불어 '즐거움'은 지극히 주관적인 감정입니다. 어떤 사람에게는 즐거움이 되는 것도, 어떤 사람에게는 괴로움이 될 수도 있습니다. 이렇듯 즐거움의 기준은 사람마다 다르기 때문에 이런 유동적인 목적을 추구하는 친구와의 관계는 안정적인 지속성을 약속하기가 어렵습니다.

세 번째 유형은 '선'을 추구하는 우정입니다. 이 우정은 '유용한 친구', '즐거움을 추구하는 친구'와 깊이가 다른 우정입니다. 아리스토텔레스는 세 가지 유형 중 선을 추구하는 우정을 가장 높은 가치의 우정이자 인간이 추구해야 하는 우정의 유형으로 꼽았습니다. 여기서 '선'이란, 선한 의지이자 행복을 추구하려는 마음입니다. 아리스토텔레스는 '행복은 선한 의지 위에 단단해진다'[7]고 했습니다. 상대가 좀 더 행복하기를 바라는 그런 관계가 '선을 추구하는 우정'입니다.

[7]    참고 도서: 에디스 홀, 《열 번의 산책》, 박세연 옮김, 예문아카이브, 2020

또한 아리스토텔레스는 세상에 좋은 것을 다 가졌다고 해도 친구 없이 사는 사람은 없으며, 부나 권력을 가진 이라도 친구는 필요하다고 말합니다. 인간은 어려움을 겪을 때 친구를 찾고, 그때의 친구는 '유일한 피난처'가 되어주니까요.

청년들에게 친구는 서로의 잘못을 바로잡아주고, 나이 든 이들에게 친구는 서로를 돌봐주고 부족함을 채워주는 존재라고 합니다. 그는 직업적인 철학자로서 혼자서 철학적 사고를 수행하지만 '사고를 함께 공유할 동료가 있다면 더 나을 것'이라고 이야기할 만큼 친구의 중요성을 강조했습니다. 그렇다면 이제 우리는 삶에서 가까이 두어야 할, 이른바 '좋은 친구'란 무엇인가에 대해 생각해봐야 할 것입니다.

공자는 《논어》에서 세 유형의 이로운 벗이 있다고 말합니다. 유익한 벗은 '곧은 사람愚直(우직), 신의가 있는 사람謂諒(우량), 견문이 넓은 사람友多聞(우다문)'입니다. 변함없는 믿음이 있고, 아는 것이 많아 문제나 고민이 있을 때 여러 식견으로 그 문제를 해결해줄 수 있는 사람입니다. 더불어 현대의 맥락에서 공자의 '유익한 벗'과 같은 이를 생각해보자면, 나란 사람이 빛나기를 누구보다 원하고 바라는 사람이라고 생각합니다. 치열한 경쟁 속에 사는 현대인은 타인이 잘 되기를 응

원하기보다, 어떻게 하면 내가 더 돋보이고, 남들보다 우위에 설 수 있을지를 궁리하고 고민합니다. 하지만 진짜 우정을 나누는 사이라면 친구가 잘 되기를 응원하고, 끝까지 신의 있게 돌보며 부족한 면은 채워줄 수 있는 사람일 것입니다. 중년이 되면 각자의 가치관이나 사고체계가 확고해지면서 자기주장이 강해집니다. 그리고 이런 과정에서 자연스럽게 나의 이상이나 가치관과 맞지 않는 친구들과는 점점 멀어지게 됩니다.

정신과 의사이자 심리학 교수인 프란체스코 알베로니 Francesco Alberoni는 그의 책 《우정론》[8]에서 친구를 '따로 결산이 필요 없는 사이'이자 '부정적인 감정이 없는 유일한 관계'라고 정의하며, 친구를 대할 때의 태도를 '세공품'에 비유합니다. '세공'은 잔손을 많이 들여 정밀하게 만드는 것을 말합니다. 그렇게 만드는 작품이라는 것이니, 우정은 그만큼 정성껏 공들여 만들어야 한다는 뜻이겠지요. 자칫 잠시 한눈을 팔면 망가져버리는 예술 작품처럼 깨어질 수도 있기 때문입니다.

가까운 사람일수록, 친한 친구일수록 예의를 갖추고 정

8    참고 도서: 프란체스코 알베로니, 《우정론》, 조석현 옮김, 새터, 1993

성을 들여야 합니다. 소중한 친구와 좋은 관계를 오랫동안 유지하기 위해서는 그만큼의 노력이 필요합니다. 더불어 친구가 해주는 조언이나 충고를 수용할 수 있는 열린 마음과 태도 또한 필요합니다. 나를 애정하는 사람이 선한 의지를 갖고 하는 말을 귀담아들어야 합니다. 그 친구는 여러분이 잘 되기를 누구보다 바라는 사람입니다. 맥락 없는 '좋아요'가 난무하는 세상에서 번지르르한 칭찬은 진실을 왜곡하기 쉽습니다. 이럴 때 나에게 일침 섞인 조언을 해줄 사람이 있다는 것은 정말 귀한 일일 것입니다.

"좋은 친구가 생기기를 기다리는 것보다
스스로 누군가의 친구가 되었을 때 행복하다."

러셀Russell

# ● 나의 약점이 드러날 때

세르게이 라흐마니노프<sup>Sergei Rachmaninoff</sup>는 4세 때부터 피아노를 배우고, 17세에 피아노 협주곡을 작곡한 러시아의 대표적인 피아니스트이자 작곡가입니다. 천재적인 재능을 발휘하며 10대를 보낸 그는, 24세에 교향곡을 발표하면서 다시 한번 명성을 얻고자 합니다. 하지만 그가 발표한 교향곡은 발표되자마자 엄청난 비난과 혹평을 받게 됩니다. 인생에서 단 한번도 그런 평가를 받아본 적 없던 천재 라흐마니노프는 큰 충격을 받습니다. 그리고 그 충격으로 3, 4년간 단 한 곡도 작곡하지 못하는 슬럼프와 번아웃을 겪게 됩니다. 게다가 이 시기에 사촌과 결혼하게 되면서 러시아 정교회로부터 비난까지 받게 되자 우울증이 발병하게 됩니다.

하지만 그는 1901년, 마침내 지금까지도 가장 사랑받고 있는 그의 대표작 '피아노 협주곡 제2번'을 발표하면서 길고 긴 슬럼프에서 빠져나와 번아웃, 우울증을 극복하게 됩니다. 그리고 이 곡을 자신을 치료해준 니콜라이 달 박사에게 헌정했지요.

역사상 가장 사랑받는 연주자이자 작곡가인 라흐마니노프를 번아웃과 슬럼프, 우울증에서 벗어나게 해준 방법은 '자기암시' 요법이라고 알려져 있습니다. 자기암시 요법의 창시자로 알려진 에밀 쿠에Emile Coué는 원래 화학을 공부하고 싶었지만 어려웠던 가정 형편으로 인해 약사가 되었습니다. 약국을 찾는 환자들을 지켜보던 그는 한 가지 깨달음을 얻게 됩니다. 환자들이 새로운 약을 구입할 때, 성분보다는 포장이나 광고에 더 큰 영향을 받는다는 사실이었습니다. 이른바 '플라세보 효과'입니다. 그는 당시 이미 알려진 플라세보 효과를 한층 더 발전시켜 '자기암시법'을 만들게 됩니다. 그의 자기암시 방법은 명쾌하고 단순합니다. "나는 날마다 모든 면에서 점점 더 좋아지고 있다"라고 매일 아침에 일어나서 20번, 저녁에

잠들기 전에 20번씩 외치는 것입니다. 간단하지요?

멕시코 출신의 세계적인 화가 프리다 칼로<sup>Froda Kahlo</sup>는 교통사고 후유증과 소아마비로 인해 병상에 누워 그림을 그릴 수밖에 없는 고통스러운 상황에도 불구하고, 자신의 약점을 예술로 승화한 화가입니다. 그녀는 고통과 기쁨, 죽음은 존재를 위한 하나의 과정일 뿐이라고 말했습니다. 그녀의 삶과 예술은 우리에게 감동을 주고, 우리로 하여금 삶의 의미와 가치에 대해 생각하게 하는 여운을 줍니다.

어떤 목표를 달성하기 위해서는 '의지'가 필요합니다. 의지가 있어야 생각을 실행에 옮기고, 실행에 옮기는 노력을 해야 성공이라는 결과를 얻을 수 있습니다. 누구나 다 알고 있는 사실이지만 실천하는 것은 쉽지 않습니다. 그 이유는 무엇일까요? 에밀 쿠에는 그것은 자신의 무의식을 길들이지 못했기 때문이라고 말합니다. 그에 따르면, 이 무의식을 건드리는 언어는 '상상'입니다. 상상은 언제나 의지를 이깁니다. 우리가 매번 실패하는 이유는 무의식을 건드리지 않고, 자신의 의지만을 불태우려고 하기 때문이라는 것이 그의 주장입니다. 자기가 원하는 것을 얻으려면 '상상하면서' 자기암시를 해야 한다는 것입니다.

그렇다면 이러한 '상상'은 실생활에서 어떻게 활용할 수 있을까요? 예를 들어 "나는 무릎이 건강해질 것이다", "나는 튼튼한 무릎으로 제주 올레길을 완주할 것이다", "나는 단단한 무릎으로 축구를 할 것이다" 등의 구체적인 상상을 하는 겁니다. 더불어 효과에 대해 의심해서도 안 됩니다. 자신의 무릎이 좋아졌다고 상상하고 믿어야 무의식이 실제 내 몸을 치료해준다는 것이 바로 '자기암시'의 핵심입니다.

또한 이 같은 방법은 번아웃 증후군을 치료하는 데도 효과적이라고 합니다. 세계보건기구WHO는 2019년, 번아웃 증후군을 '만성적 업무 스트레스가 제대로 관리되지 못한 결과로 발생하는 일련의 증상'이라고 규정했습니다. 현재까지 치료 방법으로 심리 치료, 예술 치료, 상담 치료 등 다양한 방법이 도입되었지만, 환자 스스로 자신의 내면을 고치겠다는 노력이 담긴 자가치유가 선행되어야 효과가 있는 것으로 나타났습니다. 자기암시는 상상을 통해 스스로 되고 싶은 자신의 모습을 구체적으로 형상화하는 작업입니다. 이 방법을 잘 활용하면 다양한 증상들로부터의 해방을 만끽할 수 있을 것입니다.

중년에는 '숨겨왔던' 자신의 약점들이 폭발하는 시기입니다. 우선 체력이 떨어집니다. 20, 30대 때에는 며칠씩 밤을 지새워도 끄떡없던 체력이 이제는 저녁만 되면 한계에 치닫게 됩니다. '젊음'이라는 이름의 묘약이 효력을 다해가고 있다는 증거이지요.

그리고 이전보다 더 감정을 소모하게 됩니다. 이전에는 바빠서 그냥 흘려보냈던 감정들이 시간의 여유가 생기면서 하나하나 느껴지기 시작하는 겁니다. 예전에는 친구가 약속 시간에 조금 늦게 오더라도 기다리면서 나름대로 시간을 보내면 그만이었지만, 지금은 매번 늦는 그 친구에게 새삼 서운한 감정이 듭니다. 상황은 같은데 받아들이는 감정이 달라진 것이죠. 외부 스트레스에 대처하는 힘이 그만큼 떨어지고 있다는 뜻이기도 하고요. 내공이 부족한 사람이라면 이렇듯 마음이 허약해지는 시기에 숨겨져 있던 다른 약점까지 드러나기 시작합니다.

저 역시 40대 초반에 번아웃으로 위기를 맞이했습니다. 당시에는 번아웃이라는 용어조차 없어서 갑상선 이상으로 인한 호르몬의 변화라는 진단을 받았습니다. 10년이 지난 지금, 여전히 갑상선 관련 질환을 앓고 있지만, 저의 일상은 40대 때와는 전혀 다릅니다. 그때와 달라진 것이 있다면 매일 아침 일어나서 글을 쓴다는 것입니다. 쓰는 과정 속에는 자기암시가 내재되어 있습니다. 매일 나의 상상을 글로 실현하는 것이죠. 블로그와 SNS에 꾸준히 글을 쓰면서 지금보다 더 건강한 사람, 더 좋은 사람, 더 다정한 사람, 더 온화한 사람이 된 나를 상상합니다. 입 밖으로 소리 내어 말하고 있진 않지만 글을 통해 자기암시를 실천하고 있었던 셈입니다.

여러분도 원하는 것을, 원하는 모습을 상상해보세요. 그리고 그것을 말이나 글로 표현하는 겁니다. 내가 원하는 나의 모습이 생각보다 빨리 실현될지도 모릅니다.

# ● 이제 타인의 시선에서
   벗어날 때

"타인은 지옥이다(Hell is - other people)."

실존주의 철학자이자 작가인 장 폴 사르트르 <sup>Jean Paul Sartre</sup>

의 희곡《닫힌 방<sup>No Exit</sup>》대사의 일부입니다. 당시 철학자인 사
르트르가 대중에게 알려진 것은 그가 쓴 수많은 희곡작품을
통해서였습니다. 철학의 '거장'에서 대중에게 익숙한 '작가'로 거
듭나게 한 작품들이죠. 특히 1943년에 집필한《닫힌 방》은 그의
희곡 중 가장 유명한 작품으로, 1944년 초연 이후 지금까지도
세계 각지에서 끊임없이 공연되고 있는 수작입니다.

작품은 전혀 '지옥'으로 연상되지 않는, 호텔 같은 세련된 공간으로 세 사람이 들어오면서 시작됩니다. 신문기자 가르생, 우체국 직원 이네스 그리고 부유한 마담 에스텔까지, 이들은 창문도, 출구도 없는 공간에 갇히게 됩니다.

그들은 심리전을 벌이면서 자신의 가장 어두운 내면의 비밀과 욕망, 불안을 드러내기 시작합니다. 그리고 서로의 비밀을 알게 된 그들은 전과 같지 않은 타인의 시선을 의식하게 됩니다. 그들은 각자 자신이 처한 곤경과 씨름하면서 지옥이 육체적인 고문이 아니라 다른 사람들과 가까이 지내는 고통이라는 것을 곧 깨닫게 됩니다. "타인은 지옥이다"라는 유명한 대사는 우리의 존재가 타인의 시선과 판단에 의해 정의된다는 연극의 주제를 잘 드러내 줍니다.

이처럼 마음의 지옥은 '타인의 시선을 의식하는 나'에서 비롯됩니다. 우리는 주변 사람들과 교류하면서 존재감을 느끼지만 이 과정에서 끊임없이 타인의 시선을 의식하게 됩니다. '저 사람은 나를 어떻게 볼까?', '이런 말을 하면 나를 이상하게 보지 않을까?' 등. 이런 타인의 시선을 의식하는 것, 그것이 바로 '지옥'이라고 사르트르는 말하고 있는 것입니다. 하지만 인간이 세상에 '실존'하기 위해서는 타인을 의식하지 않을 수 없습니다. 인간은 타인과 '공속'하고, 이를 통해 세상에 존재하기 때문입니다. 그렇다면 타인의 시선을 의식하지 않는 즉 '지옥'을 벗어날 수 있는 방법은 무엇일까요?

첫째, 스스로가 자신을 있는 그대로 받아들이는 것입니다. 타인의 평판, 시선, 잣대, 기준은 모두 타인의 것입니다. 엄밀히 나의 것이 아닙니다. 나를 속속들이 다 알지 못하는 사람들이 일부 보여지는 모습만으로 나를 판단하는 것입니다. 당연히 제대로 된 평가일 수 없습니다. 타인의 평가를 그저 '참고 자료' 정도로 여겨보세요. '나에게 이런 면이 있었구나', '다른 사람의 눈에는 그렇게 보일 수도 있겠군' 하는 정도로 참고만 하면 됩니다.

둘째, 다른 사람의 기준과 잣대에 좌지우지되거나 흔들리지 않으려면 자기만의 철학을 가져야 합니다. 스스로 올바른 것이라고 생각하는 가치관, 즉 사고의 기준을 가져야 합니다. 자기만의 철학이 있으면 타인의 시선이나 평가, 잣대에 쉽게 흔들리지 않습니다.

셋째는 자신을 애써 증명하려 하지 않는 것입니다. 우리 사회는 '나'를 표현하는 방식이 '증명 시스템'으로 이루어져 있습니다. 학창시절에는 성적으로, 취업 후에는 성과로, 중년이 되면 살고 있는 집과 소유하고 있는 자동차로 자신을 증명하려 합니다. 요즘에는 SNS 팔로워 수로 자신을 증명하기도 합니다. 평생 이렇게 자신의 삶을 증명하기에 급급한 나머지, 내가 누구인지, 나는 무엇을 좋아하고, 어떤 것을 했을 때 행복감을 느끼고 사는지, 진짜 자신을 알지도 못하고 표현하지도 못한 채 살아갑니다.

중년의 특권 중 하나는 더 이상 나를 증명해야 하는 사회 시스템에 자신을 끼워 넣지 않아도 된다는 것입니다. 남들이야 뭐라 하든 이제는 그동안 놓치고 살았던 나를 표현하는 데 집중해보세요. '나는 음악을 좋아하는 사람'이라고, '나는 미술관에 갔을 때 가장 행복한 사람'이라고 자신에 대해 말해보세요.

철학자 하이데거는, 인간은 세상의 잣대로 자신을 보는 경향이 있다고 말했습니다. 그리고 그러한 '세상의 눈'이라는 틀에서 벗어나려면 스스로 엄격한 훈련을 해야 한다고 말했습니다.[9] 그만큼 타인의 시선에서 벗어나 자유롭게 사는 것은

---

**9**     참고 도서: 모로토미 요시히코, 《인정 욕구 버리기》, 최화연 옮김, 알에이치코리아(RHK), 2023

무척 어려운 일입니다. 그렇기 때문에 더 중요하기도 하고요. 자기 자신을 사랑하고 자신의 가치와 신념에 충실하며 자유롭게 살아가는 것이야말로 진정 삶의 가치관이 견고한 사람만이 누릴 수 있는 멋진 삶이 아닌가 생각합니다.

'자신의 가치에 대한 굳건한 믿음은 저절로 생겨나지 않는다. 그것은 우리가 선택한 삶의 지침들을 받아들이고 날마다 실행하기 위해 노력할 때 자라난다.'

브레네 브라운,《마음 가면》, 안진이 옮김, 웅진지식하우스, 2023

# ● 인생의 권태에 대하여

권태는 인생에서 한번쯤 만나게 되는 불쾌감입니다. 사람에게 느낄 수도 있고, 대상이나 사물 혹은 자기 자신에게도 느낄 수 있는 감정입니다. 우리는 권태를 느끼는 순간 당황하며 어떻게든 벗어나 보려 합니다. 하지만 권태 역시 인간이 느낄 수 있는 감정 중 하나이기에 살면서 한번쯤은 경험해봐야 한다고 생각합니다. 특히 중년의 경우는 젊은 시절 어떤 대상에 '온 마음을 다해 열정을 쏟아부은 사람'일수록 권태를 쉽게 느끼게 됩니다. 이럴 때는 우선 이 권태감의 정체를 확인해봐야 할 필요가 있습니다. 나의 권태감이 단순히 열정의

부재에서 비롯된 것인지, 에너지의 고갈 때문인지 구분해봅니다.

이를 위해서는 먼저 권태를 일으킨 대상을 탐험해야 합니다. 만약 에너지나 열정이 고갈되어 인생 전반에 대한 권태감을 느끼는 경우라면, 이는 무기력에 해당됩니다. 무기력은 집중력을 잃게 하고, 스스로 판단하는 힘을 약화시킵니다. 한마디로 아무것도 하고 싶지 않은 상태라고 볼 수 있습니다. 이런 경우에는 조금은 쉬면서 타인을 관찰해보는 시간을 가져봅시다. 평소 알고 지내는 지인이나 나와 마음이 잘 맞는다고 생각하는 사람의 일상을 관찰하면서, 그들은 어떤 것에 열정을 쏟고 에너지를 부여하고 있는지 살펴봅니다. 그리고 내 열정의 대상들을 탐색해보고 시도해보는 것도 좋은 방안이 될 수 있습니다. 인생의 권태감을 느끼는 분들께는 다음과 같은 세 가지 해결책을 제안합니다.

첫째, 시간을 들여야만 이해할 수 있는 것에는 과감히 시간을 투자해주세요. 우리는 자주 성급합니다. 물론 인생의 많은 과업들을 너무 느슨하게 행하는 것도 문제일 것입니다. 하지만 잘 돌아보면 세상에서 벌어지고 있는 수많은 일들에는 시간을 투자해야만 이해할 수 있는 일들도 많이 있습니다.

물리적인 시간이 지나야만 이해되고 해결되는 것들 말입니다. 예를 들면 나를 서운하게 했던 사람들과의 경험 같은 것도 그렇습니다. '시절 인연'이라는 이름으로 만나 잠시 나의 삶을 관통했던 이들이 있습니다. 단기간 짧게 열정을 다 바치면서 그들이 내 인생 최고의 인연인 줄 착각하며 지나온 날들입니다. 어느 순간, 그것이 한때 내 삶을 스치는 '시절 인연'임을 직감하게 되는 것도 '시간을 들여야만 이해'할 수 있는 일 중 하나입니다.

이런 일들은 수없이 많습니다. 내가 인생에서 꼭 이루고자 했던 과업들, 타인의 시선 때문에 섣불리 용기내지 못했던 일도 그렇습니다. 권태감을 쉽게 느끼는 분들은 이처럼 시간이 지나야 풀리는 숙제에 취약합니다. 풀리지 않는 문제가 있다면 시간이 주는 '이해'에 맡겨봅시다. 그럼 의외로 해결되는 것들이 많아집니다.

두 번째, 완벽하려고 하지 말아야 합니다. 철저히 계획적인 성향을 가진 사람들이 있습니다. 무엇이든 하려고 마음먹으면 일단 계획부터 세우고 시작하는 분들이죠. 물론 무슨 일이든 계획을 세우는 것은 중요하고 이를 실행하기 위해 노력하는 것은 더더욱 중요합니다. 하지만 과도하게 계획만 세우다 보면 목표 설정이 길어지고 완성도에 대한 기준도 올라가게 됩니다. 그래서 계획만 짜다가 시작도 못하는 경우가 많아집니다. 더불어 막상 실행을 하다가도 내가 '완벽하게' 잘할 수 있을까 하는 의구심과 불안 때문에 일을 진행하는 내내 잡념에 시달려 예상했던 것보다 좋은 결과를 얻지 못하는 경우도 많습니다. 그렇게 좌절의 악순환에 빠지면 권태에 빠지기가 더 쉬워집니다.

무엇이든 일단 시작하기로 했다면 완벽하려고 하지 마세요. 세상에 완벽한 것은 하나도 없습니다. 진행 과정에서 더 좋은 생각이 떠오르기도 하고, 또 다른 새로운 것이 나오기도 합니다. 그러니 일단 어설프더라도 시작하려는 마음, 그것이 가장 중요합니다.

세 번째, 인생에는 '유턴'이라는 선택지도 있다는 것을 기억해야 합니다. 평소 운전을 하는 분들은 잘 아시겠지만 아무리 내비게이션이 잘 갖춰져 있어도 길을 잘못 들어설 수 있습니다. 운전을 하다 보면 생각보다 엉뚱한 길로 들어서는 경우가 비일비재합니다. 내비게이션의 '친절한 목소리'를 못 듣기도 하고, 잠깐 딴 생각을 하다가 다른 길로 들어서기도 합니다. 또 아는 길이 나오면 관성에 따라 목적지가 아닌 매번

가던 길로 가는 실수를 범하기도 합니다. 이런 경우에는 그저 유턴을 하면 됩니다. 유턴은 왔던 길을 되돌아가는 것입니다. 물론 그동안 들인 노력이나 시간은 아깝겠지만 한 번 왔던 길을 되돌아가는 것이기에 익숙하고, 더 잘할 수 있다는 작은 기대감과 자신감을 얻을 수 있습니다. 그러니 어떤 길이든 되돌아가는 선택지가 있다는 사실을 잊지 마세요.

인생의 권태감은 누구에게나 수시로 찾아드는 감정입니다. 그러나 이것은 어쩌면 그동안 목적지를 향해 쉼 없이 달려온 이들에게 찾아오는 삶의 선물일지도 모릅니다. 권태의 속성을 잘 활용하면 이 시기를 조금은 여유롭게, 힘들지 않게 지날 수 있습니다. 권태를 너무 불쾌한 감정으로만 여기지 말고 조금은 느긋하게 지내면서 충분한 휴식을 취해봅시다. 명상이나 요가 등 스트레스를 해소하고 관리할 수 있는 자기만의 방법을 찾는 것도 좋습니다.

친구와 가족과는 더욱 돈독히 지내야 합니다. 서로 심리적인 지지와 조언을 주고받는 것만큼 좋은 권태 탈출법은 없습니다. 마지막으로 늘 무언가 열심히 해야 한다는 강박에서 벗어나는 것이 인생을 조금은 지혜롭게 살 수 있는 비결이 아닐까 생각합니다.

'나는 목적이 없어도 되는 삶을 원한다. 나는 삶을 살고 싶지, 삶이란 과제를 수행하고 싶지 않으므로.'

김영민, 《인생의 허무를 어떻게 할 것인가》, 사회평론, 2022, 291쪽

# 2장

# 존재의
# 의미를 묻다

# ● 먼저 자신을 배려할 것

'배려'의 사전적 의미는 '도와주거나 보살펴 주려고 마음을 쓰는 행위'입니다. 흔히 우리는 배려라고 하면 타인을 향한 배려만을 생각합니다. 하지만 진짜 배려를 해야 할 대상은 바로 자신입니다. 프랑스의 철학자 미셸 푸코Michel Foucault는 자본주의 사회에서 잃어버린 자아를 되찾는 방법으로 '자기 배려'를 제안합니다. 그가 말한 자기 배려Epimeleia Heautou는, '자기를 돌보고 배려하는 행위이자 자신에게 몰두하는 것'을 의미합니다.

직장인 A는 팀장이 되고 회사 생활이 녹록지 않음을 깨닫게 됩니다. 팀을 꾸려나가는 일련의 업무가 그에게는 무척 버거웠습니다. 팀원이었을 때는 자기가 해야 할 일만 잘하면 됐지만, 팀장이 되고 나서는 팀원들의 성과뿐만 아니라 마음까지 살펴야 했습니다. 이런 일이 능숙하지 않았던 그는 주변에서 승진을 축하해주는 와중에도 그다지 기쁘지 않았다고 합니다. 그는 2, 3년 동안 힘겨운 팀장 생활을 이어갔습니다. 그러던 중 우연히 읽게 된 책《자기표현력》[10]을 통해 자기 자신에 대해 골똘히 생각해볼 수 있는 기회를 얻게 되었습니다. 자기 자신을 인식하고 돌보는 여러 가지 '자기표현법'을 통해 그는 생애 처음으로 자기 자신에 대해 깊이 있게 알아가는 시간을 가졌습니다. 그리고 내린 결론은, 자신은 타인의 감정을 읽는 것보다 성과나 결과 중심으로 일하는 것에 능한 사람이고, 함께 일하는 것보다 혼자 일하는 것에 익숙하다는 사실이었습니다. 그는 몇 달 동안 고민한 후 퇴사를 결정했습니다. 그리고 1인 기업가로 자신이 할 수 있는 일을 찾기 시작했습니다. 집 근처에 작은 오피스텔을 얻고, 관련 분야에 대한 공

[10]  이윤영,《자기표현력》, 한언, 2023

부를 시작했습니다. 그 후 몇 달이 지난 지금 그는 어엿한 1인 기업가로 성장해나가고 있습니다. 사업은 날로 번창하여 3명의 재택근무자와 온라인으로 일을 하고, 중요한 안건은 한 달에 한 번씩 대면 회의를 통해 결정하고 있습니다. 그는 요즘 그 어느 때보다 행복한 나날을 보내고 있습니다. 만약 그가 자기를 인식하는 진정한 '자기 배려'의 시간을 갖지 못했다면 이런 일은 결코 일어나지 않았을 것이라고 말합니다.

물론 타인을 배려하는 마음도 중요합니다. 나이가 들수록 자신의 가치관과 경험 속에 갇혀 시야가 좁아지는 것을 경계해야 합니다. 타인을 배려하는 것이 미덕이 아니라 필수인 시기가 바로 중년 즈음입니다. 하지만 다른 사람을 진심으로 배려하기 위해서는 먼저 자기 자신에 대한 배려가 선행되어야 한다고 생각합니다.

푸코는 자기 배려를 위한 몇 가지 방법을 제안합니다. 첫 번째는 '자기 인식'입니다. 그는 '인간은 어항 속에 갇힌 물고기와 같은 존재'라고 말합니다. 우리는 어항이라는 '담론'으로 타인과 사회 그리고 자기 자신을 인식합니다. 담론을 벗어난 주체는 있을 수 없고, 담론을 통해 주변을 파악하고 사물을 바라보게 됩니다. 따라서 완벽한 의미에서 '순수한 날 것'

의 자기를 인식할 수는 없습니다. 때문에 '어항(담론)' 밖의 관점에서 세상을 바라보고, 자기 자신을 파악하려는 '눈'을 키우는 것이 진정한 의미의 자기 인식입니다.

　두 번째는 '자기 이해'입니다. 자기 인식을 통해 자신에 대해 알게 된 후에는 스스로를 이해하는 과정을 거칩니다. 이때 나를 억압하는 타인의 시선, 공동체의 기대, 정해진 제도 등을 하나씩 제거해나갑니다. 그러면서 진짜 나는 어떤 사람이고, 무엇을 원하는지를 탐구합니다.

　세 번째, 자기 인식과 자기 이해를 통해 내가 변화해야 하고 성장해나가야 할 방향을 고민합니다. 자기 배려는 자신의 신체와 정신을 돌보고 이를 통해 주체적으로 살아가는 태도를 익히는 것입니다. 자기 스스로 인식된 주체적인 '나'를 통해 자신에게 몰두함으로써 혼란스럽게 하는 '타자'에게서 벗어나는 일입니다.

　또한 푸코는 자기 배려는 '인생 전반에 걸쳐 주의와 시선과 정신, 그리고 존재 전반을 자기 자신에게 향하게 할 필요'가 있다고 했습니다. 그리고 이를 위해 '자기 연마'가 필요하다고 말합니다. 즉, 자기 배려는 반복적인 실천과 훈련을 통해서 가능하다는 것입니다.

그렇다면 중년에 이런 자기 배려가 필요한 이유는 무엇일까요? 중년이 되면 자신도 모르게 사회나 공동체에서 밀려나는 고립감을 느끼게 됩니다. 더 이상 사회에서 내가 중요한 역할을 수행해낼 수 없는 사람임을 인지하게 됩니다. 이는 불안감과 함께 자기 자신에 대한 부정적인 자아개념을 형성하게 합니다. 이때 자기 배려가 확고한 사람은 이러한 혼돈의 시기를 유연하게 보낼 수 있을 뿐만 아니라 제2의 인생을 더욱 알차게 준비하는 마음의 여유까지 갖게 됩니다.

자기 배려를 뜻하는 'Epimeleia Heautou'는 고대 그리스어입니다. 어원을 살펴보면, Epimeleia는 '돌봄'을, Heautou는 '자기 자체'를 가리킨다고 합니다.

어쩌면 중년은 인생에서 스스로를 진정으로 보살필 수 있는 가장 좋은 시기가 아닐까 합니다. 나 자신을 잘 알고, 잘 돌보는 그런 '자기 배려'가 돋보이는 더욱 성숙한 사람으로 성장하길 꿈꿔봅니다.

• 참고 자료: 논문, 김정신·채연숙, 〈푸코의 자기 배려 이론으로 본 자기 성찰 글쓰기 탐색〉, 2022

# ● 말의 쓸모

"다른 사람에게 어디까지 말해야 할지 모르겠어요…." A
는 얼마 전 친구 B에게 속마음을 털어놓았다가 낭패를 보았
습니다. A는 취직 준비를 위해 휴학을 한 후 종일 게임만 하
는 아들과 계속 마찰을 빚고 있었습니다. 그래서 속상한 마음
을 친구 B에게 털어놓았는데 몇 주 후에 나간 한 모임에서 B
가 친구들 앞에서 그 이야기를 아무렇지도 않게 꺼내는 바람
에 A가 마음의 상처를 입은 것입니다. B에게만 조심스레 털
어놓은 이야기였는데 한순간 모임 전체에 다 퍼져버린 것입
니다. 물론 자신을 걱정하는 마음으로 한 이야기라는 것은 알

고 있었지만 어디까지나 자신의 사생활인 데다, 모든 친구들 앞에서 털어놓을 이야기였다면 애초에 B에게만 꺼내지도 않았을 테니까요. A는 깊은 고민에 빠졌습니다. 도대체 타인에게 자신의 감정을 어디까지 드러내야 하는 것인지 말입니다.

나이가 들수록 유난히 깊어 보이는 사람이 있습니다. 특별히 치장을 하지 않아도 내실이 있어 보이고, 내면의 힘이 느껴지는 사람들입니다. 그들의 한결 같은 특징 중 하나는 '말수가 적다'는 것입니다.

말은 많이 하면 할수록 '독'이 됩니다. 아무리 좋은 말도 많이 하게 되면 결국에는 좋지 못한 결과를 낳게 됩니다. 말의 위험한 속성이지요. 중년이 되면 말이 더욱 많아집니다. 살아온 세월 동안 쌓인 이야기도 많기 때문입니다. 오죽하면 '나이가 들수록 입은 닫고, 지갑은 열어라'라는 말까지 생겼을까요.

성경에 여러 번 등장하는 그리스어 중에 '파레시아Parrhēsia'라는 말이 있습니다. 이 말은 모든 것을 말하고, 아무것도 숨기지 않으며 자신의 마음과 정신을 타인에게 활짝 열어 보이는 것을 뜻합니다. 영어로는 'Free Speech', 프랑스어로는 'Franc Parler'입니다. 파레시아는 '진실을 말해야 하며, 위험을 감수해야 하고, 비판적 태도로 접근하는 말하기' 방식입니다. 이는 권력자 앞에서도 위험을 무릅쓰고 용기 있게 자신의 생각을 있는 그대로 솔직하게 말하는 것을 의미합니다.

소크라테스의 제자인 철학자 플라톤은 '파레시아'를 '있는 그대로 솔직하게'로만 해석해서는 안 된다고 말합니다. 그는 솔직하게 말한다는 것은 진실을 탐구하기 위한 목적으로 이용되어야 하고, 그 진실은 논박의 여지가 없는 것이어야 하며, 나라와 시민들에게 '좋은' 것이어야 한다고 밝혔습니다. 그리고 이런 진실을 말하기 위해 가장 필요한 덕목으로 '절제 Sōphrosynē'를 꼽았습니다.

특히 다른 사람에 대해 말할 때는 그 사람의 입장을 한번 더 생각해야 합니다. 평가하거나 비판하는 말은 하지 않는 것이 좋습니다. 그들의 상황과 배경을 이해하려 노력하고, 예의와 존중을 갖춰서 대화하고 행동하는 것이 중요합니다.

자기 자신에 대한 이야기를 다른 사람에게 말하는 일에도 주의가 필요합니다. 플라톤은 다른 사람들에게 자신에 대해 말할 때 주의해야 할 사항들을 알려줍니다.

첫 번째, 단점을 말하는 것을 조심해야 합니다. 이는 자신의 단점뿐만 아니라 타인의 단점에 있어서도 해당되는 사항입니다. 다섯 남매를 키우신 저의 어머니는 항상 이런 말씀을 하셨습니다. "좋은 말도 그 사람이 없는 곳에서 하면 험담이 될 수 있다." 같은 말을 들었음에도 불구하고 듣는 사람의 컨디션과 상황에 따라 말은 확대 재생산됩니다. 처음의 대화에서는 전혀 의도치 않았던 말들이 사람들의 입에서 입을 오가며 전혀 다른 말이 되는 경우를 우리는 자주 목격하게 됩니다. 타인의 단점에 대해 말하기를 멈추세요. 장점 역시 그 사람이 없다면 말하지 않는 편이 좋습니다. 더불어 자신의 단점 또한 쉽게 드러내지 마십시오. 경쟁이 치열해진 현대인들에게 나의 단점은 또 하나의 약점이 될 수 있습니다. 물론 친구들끼리 혹은 지인들끼리 마음을 나누다 보면 어쩔 수 없이 자신의 단점이나 약점이 드러날 수 있습니다. 하지만 나를 잘 알지 못하는 사람들에게 일부러 단점을 드러내는 것은 오히려 나란 사람에 대한 선입견만 가중시키는 셈이 됩니다.

두 번째, 자기 자신을 지나치게 자랑하지 말아야 합니다. 중년이 되면 조금씩 자신이 쌓아왔던 일의 성과가 드러나기 시작합니다. 젊은 시절 열심히 살았다는 증거인 셈이죠. 하지만 비슷한 나이의 사람이라도 각자의 상황에 따라 성과의 질과 양은 다를 것입니다. 그러니 쉽게 자신의 성과에 대해 자랑하지 마세요. 물론 나의 성과에 대해 알리고 인정과 축하를 받고 싶은 마음은 이해합니다. 하지만 자신의 삶에 최선을 다하지 않는 사람이 있을까요? 나의 빛나는 성과가 누군가에게는 열등감과 우울의 원인이 되고, 그로 인해 자신의 삶을 비관적으로 바라보게 되는 단초가 된다면 그것 역시 슬픈 일입니다. 모두가 각자의 위치에서 나름의 노력으로 열심히 살아가고 있습니다. 자기의 성과를 말하는 대신, 그들의 성과를 들어주고 공감해주고 기쁨을 나누는 일이 오히려 나를 인정받는 더 좋은 방법이 아닐까 생각합니다.

세 번째, 개인적인 생활과 고민에 대해 너무 많이 말하지 마세요. 중년이 되고 시야가 넓어지니 다른 사람의 사정이 눈에 보이기 시작합니다. 조금씩 크기만 다를 뿐 저마다 고민과 문제들을 안고 삽니다. 돈이 많으면 많은 대로, 돈이 적으면 적은 대로 각자의 고민들에 휩싸여 삽니다. 그러니 나의 개인적인 생활과 고민에 대해 언급하는 것을 자제해보세요. 그리고 혼자 해결하지 못할 고민이 있다면 너무 가볍게 타인에게 털어놓기보다는 우선 관련 책을 찾아보거나 전문가의 조언을 구할 것을 권합니다. 내 인생의 고민은 누군가에게 털어놓는다고 해결되는 것 같지 않습니다. 오히려 작게 느껴졌던 고민이 발화되는 순간, 더 커지기도 합니다.

네 번째, 내가 세운 목표와 계획을 섣불리 말하지 마세요. 중년이 되어도 여전히 일상은 예측불가의 일들이 많이 벌어집니다. 열심히 세운 계획들이 일순간 타의에 의해 물거품이 되는 경우도 흔합니다. 인생은 내 생각대로 흘러가지도 않고 계획대로만 되지도 않습니다. 그러니 나의 목표와 계획에 대해 쉽게 타인에게 말하지 마세요. 그 계획을 실행하지 못했을 때 사정을 모르는 타인에게 나는, 행동보다 말이 앞서는 다소 신뢰가 안 가는 사람으로 비춰질 수도 있습니다. (물론 아닌 경우도 많겠지만요.)

말에 대해서만큼은 몇 번이고 절제를 권하는 것이 과하지 않습니다. 어수선하고 가벼운 마음의 소리는 내뱉지 말고 끌어안는 습관을 들여보세요. 그것이 바로 성숙해가는 사람만이 보여줄 수 있는 진정한 아름다움일지 모릅니다.

* 참고 자료: 논문, 강유선, 〈플라톤의 파레시아(parrhēsia) - 절제(sōhrosynē)있는 말하기 -〉, 2023

# ● 자기만의 공간이 갖는 힘

한 독서모임에서 버지니아 울프의 《자기만의 방》을 읽었을 때의 일입니다. 참여자 중 한 분이 인상적인 문장을 낭독하다가 그만 울컥하고 말았습니다.

'연간 각각 오백 파운드와 자기만의 방을 갖는다면, 자유라는 습관과 생각하는 것을 있는 그대로 쓸 용기가 있다면, 공동 거실에서 조금 벗어나…'"

20년간 아이를 돌보고 회사를 다니며 열심히 살았는데

도 정작 집 안에 자신을 위한 공간 하나 없다는 그분의 말에, 모임에 참석하신 모든 분들이 한참을 훌쩍였습니다." 그날 저는 독서모임의 참여자들에게 작은 미션을 주었습니다. 집에서 공용 공간이 아닌 오로지 자기만을 위한 공간을 마련하라고 말입니다. 얼마 후 하나 둘 피드백이 오기 시작했습니다. 어느 분은 방 한구석에 아무렇게나 놓여 있던 책장을 정리한 후 그 앞에 책상과 의자를 구입해놓고, 내친 김에 스탠드와 예쁜 책상보까지 구입해서 꾸며봤다며 사진을 보내왔습니다. 책을 낭독하다 눈물을 흘렸던 당사자 역시 화장대를 과감히 정리하고, 그곳에 책상을 들여놓은 모습을 사진으로 찍어 공유해주었습니다.

생각지 못한 반응도 이어졌습니다. 식탁에서 뭔가를 쓰고 읽을 때는 더부살이를 하는 사람마냥 눈치가 보이고, 식사 시간에는 자신의 책과 노트가 한구석으로 내몰리는 모습에 괜히 마음이 쓰렸는데 이제는 당당히 나만의 공간이 생기니 아이들도 이곳은 '엄마의 공간이네' 하며 인정하고 격려해준

---

다는 것입니다.

비단 여성뿐만이 아닙니다. 누구라도 자신을 위한 공간이 필요합니다. 특히 중년에는 주어지는 시간이 더 많아집니다. 자기만의 시간이 확보되었다면 그 다음에 필요한 것은 자기만의 공간이겠지요. 자신의 공간을 갖는다는 것은 생각보다 구체적인 이익을 가져옵니다.

나만의 공간은 혼자 조용히 머물며 자신의 내면을 탐색하고 이해할 수 있는 환경을 제공해줍니다. 스트레스를 해소하고 재충전할 수 있는 공간이 되기도 하고, 개인적인 발전을 위한 배움의 공간이 되기도 합니다. 또한 창의적인 생각과 자기 표현을 할 수 있는 나만의 영역으로써, 일기를 쓰거나 노래를 부르거나 혼자 보고 싶었던 영화나 책을 보는 등의 자기 취향과 기호를 마음껏 발산할 수 있는 '안전한' 장소가 됩니다. 마지막으로 독립심과 자신감을 갖는 데 도움이 됩니다. 공간에 오롯이 홀로 있다는 것은, 그곳에서 무엇을 할지 무엇을 먹을지 무엇을 생각할지 자신의 주관에 따라 행동하는 자유를 얻는다는 뜻입니다. 이처럼 나만의 공간은 우리가 더 나은 버전의 자신이 될 수 있도록 도와주는 중요한 에너지원입니다.

집 안에 개인 공간을 두는 것이 여의치 않다면 단골 카페나 위스키 바, 혹은 매일 지나다니는 산책로를 심리적인 나의 공간으로 여겨보세요. '자기만의 방'이 물리적으로 독립적인 공간이라면 더할 나위 없겠지만, 심리적으로 친근감을 느끼는 공간에 의미를 부여할 수도 있습니다. 퇴근길에 혼자 들리는 위스키 바나 단골 카페에서도 얼마든지 좋아하는 것을 하거나 '사회적인 내 모습'이라는 '가면'을 벗고 쉴 수 있는 시간을 가질 수 있으니까요. 꼭 집이 아니더라도 나를 아는 이 없는 독립된 공간, 즉 나만의 놀이터, 나만의 공간이라고 느낄 수 있는 곳이라면 어디든 상관없습니다.

소설 《1984》에서 주인공 윈스턴은 '빅 브라더'의 감시 하에 개인적인 시간과 공간이 전혀 없는 체제에서 살아갑니다. 게다가 그의 직업은 감시 체제의 유지를 위해 필요한 과거의 역사를 현재에 맞춰 조작하는 일이었는데요. 어느 날, 그는 이런 감시 체제에 염증과 저항을 느끼게 되고, 급기야 금지사항 중 하나인 일기를 쓰기 시작합니다. 일기를 쓰면서 그는 누구의 감시도 받지 않고 자유롭게 시간을 보낼 '자기만의 공간'의 중요성에 대해 절실하게 깨닫게 됩니다.

'함께 있되 거리를 두라'는 말이 있습니다. 가족, 친구, 직장 동료, 슈퍼마켓이나 카페에서 마주치게 되는 사람들…. 우리는 늘 사람들에게 둘러싸여 연결되어 있는 채로 살아갑니다. 온전히 솔직한 내 모습으로 있을 수 있는 시간과 공간이 부족하다는 것입니다. 그러니 사람들로부터의 독립된 시간과 공간은, 삶의 질을 높이기 위한 에너지 충전과 욕구, 스트레스의 방출을 위해 반드시 확보해야 할 필수 조건입니다.

# ● 좋아하는 일을 찾는 방법

**"어떤 일을 했을 때 당신의 심장이 가장 크게 요동치는가?"**

우리가 살면서 가장 많은 시간을 할애하는 것은 바로 '일'입니다. 인간은 일을 하면서 성취감을 얻고, 일에서 만족감을 얻지 못할 때는 자신에 대해 실망하거나 좌절감을 느끼기도 합니다. "일은 인간을 인간답게 만든다"는 톨스토이의 말대로, 일은 그 자체만으로 우리에게 매우 중요한 존재 가치를 지닙니다. 인간은 하루 중 절반 이상을 일에 파묻혀 살기 때문입니다. 때문에 어떤 일을 하느냐, 어떻게 일을 하느냐는, 우리 존재의 의미를 묻는 질문이 되기도 합니다. 인간은 일을 통해 자신의 존재감을 느끼고 자아를 실현하기 때문입니다.

　여기에서 중요한 고민거리가 생깁니다. '과연 어떤 일을 해야 할까?' 하는 것입니다. 어떤 일이 나에게 만족감과 성취감을 주고, 왜 이 일을 하는지 목적의식을 갖게 하는가의 문제는, '나는 왜 살아야 하는가' 하는 존재의 목적과 이유로 연결되는 중요한 가치관이라고 할 수 있습니다.

　우리는 이 질문의 답을 찾으면서 보통 '잘하는 일'과 '좋아하는 일'의 선택지를 놓고 심각하게 고민하곤 합니다. 그러나 결론부터 말하자면 이 질문에 정답은 없습니다. 잘하는 일을 할 때에는 비교적 단기간에 경제적인 이득을 취할 가능성이 높고, 그런 이유로 일에서의 성취감을 느낄 수 있습니다. 일을 잘한다는 것은 그 분야에 대한 기술과 감각이 있고, 어느 정도 능력을 인정받고 있다는 뜻이기도 하니까요.

　일은 경제 활동인 만큼 금전적인 면에 영향을 줍니다. 아무리 좋아하는 일이라도 경제적인 이득이 전혀 발생하지 않는다면 그 일을 계속 이어가는 것은 쉽지 않을 것입니다.

　이처럼 잘하는 일이 주는 장점은 매우 큽니다. 가장 이상적인 것은 잘하는 일과 좋아하는 일이 일치하는 것이겠지요. 하지만 대부분의 사람들이 나에게 경제적인 이득을 주는 '잘하는 일'에 대해서, 그저 먹고 살기 위해서 하는 것이라고 그 의미를 폄하하곤 합니다. '좋아하는 일'을 하며 사는 사람에게도 고충이 있을 텐데 말입니다.

좋아하는 일을 하는 것에도 역시 장점과 단점이 있습니다. 좋아하는 일이 잘하는 일은 아닐 경우, 아무리 좋아서 한다고는 하지만 눈에 보이는 성과를 얻기가 어렵습니다. 경제적인 이득뿐만 아니라 타인에게 인정받는 것도 쉽지 않습니다. 단, 좋아하는 일은 '좋아하는 마음'이 있기에 일단 동기부여가 확실하고 지속할 수 있는 힘이 있습니다. 그렇다면 답은 하나겠지요. 관건은 좋아하는 일을 잘하는 일로 만드는 방법을 탐색하는 것입니다.

어떤 일이든 성과가 드러나기 위해서는 임계점을 넘겨야 합니다. 임계점Critical Point[12]은 물질의 구조와 성질이 다른 상태로 바뀔 때의 온도와 압력을 말합니다. 액체가 임계점을 넘어 기체(수증기)가 되거나, 고체(얼음)가 되는 현상이 대표적입니다. 이처럼 '단계Phase'가 바뀌기 위해서는 어느 수준의 기준을 넘어서야 합니다.

일 역시 마찬가지입니다. 일에서 어느 정도 성과를 얻기 위해서는 임계점을 넘겨야 합니다. 예를 들면 책을 쓰기 위해서는 A4 100장 분량의 글을 써낼 수 있어야 합니다. A4 한두 장 정도 분량의 임계점을 넘겨 100장을 써야 하는 것이죠. 피아노 연주자로서 성과를 내기 위해서는 평균 이상의 재능을 가져야 하고, 이를 위해서는 반드시 연습, 연주 시간의 임계점을 넘겨야 합니다. 그래야 비로소 그것이 '일'로써의 가치를 지니는 성과를 드러내게 됩니다. 하지만 임계점을 넘기기 위해서는 수많은 인내의 시간을 견뎌야 합니다. 이때 자신이 좋아하는 일이라면 '인내'할 수 있고, '용기'를 낼 수도 있을 것입니다. 더불어 좋아하는 일을 할 때에는 과정 중에 즐거움을 느낄 수 있습니다. 좋아하기에 하나씩 알게 되는 기쁨은 그 무엇과도 바꿀 수 없는 최고의 희열을 느끼게 합니다.

지인 중에 가죽공방을 운영하는 분이 계십니다. 처음 그가 가죽공방을 시작한다고 했을 때 다들 말렸습니다. 가죽공방은 주재료인 가죽뿐만 아니라 공예에 들어가는 도구들까지 모두 고가입니다. 수업료가 만만치 않습니다. 게다가 이미 좋은 디자인의 고가 가죽 명품들이 차고 넘칩니다. 하지만 주변의 만류에도 불구하고 그는 공방을 창업했고, 지금은 다수의 수업뿐만 아니라 스마트 스토어와 인스타그램을 통한 제품 판매까지 해내고 있습니다. 물론 수많은 시행착오와 경영난을 겪었지만, 그는 그 과정 역시 '배움'의 과정으로 여기니 한결 수월하게 넘길 수 있었다고 웃으며 말합니다.

여기서 잘하는 일보다는 좋아하는 일을 해야 하는 극명한 이유가 생깁니다. 좋아하지 않으면 인내하는 과정, 즉 임계점을 넘기기가 좀처럼 쉽지 않습니다. 또한 과정에서 겪게 되는 시련과 시행착오를 '배움의 즐거움'으로 만끽하기 어렵습니다.

분명 아직도 내가 무엇을 좋아하는지 모르겠다는 분들이 계실 겁니다. 좋아하는 일에 대해 구체적인 무엇을 떠올리지 못한 분들이라면 다음의 방법을 추천합니다. 10대 때 순수했던 그 시절의 '나'를 떠올려보세요. 웬만해선 막을 수 없었던 10대의 내가 좋아하고 몰입했던 것은 무엇인지 생각해보세요. 당시 부모님의 반대로, 경제적인 이유로 차마 하고 싶다고 말할 수 없었지만 내 심장을 뛰게 했던 무언가가 있을 겁니다.

도서관이나 서점에 가서 관심사를 탐구해보는 것도 추천합니다. 도서관과 서점의 수많은 책의 제목을 하나하나 천천히 읽어가면서 선뜻 손이 가는 책을 유심히 보세요. 1시간 정도 자신이 고른 책의 제목을 살펴보면 내가 좋아하는 것이나 관심사가 무엇인지 힌트를 찾게 될 것입니다.

좋아하는 것의 범위를 좁혔다면 이제 기록을 해보세요. 아무리 좋은 내용이라도 기록하지 않으면 그것이 좋은 내용인지 아닌지 선별하기 힘듭니다. 기록을 통해 하나하나 정리해나가면서 진짜 그것에 대한 흥미지수를 다시 한번 체크해보면 좋습니다. 예를 들어 평소 클래식 음악에 관심이 있다면 그에 대한 정보나 책을 찾아보고 매일 기록해보세요. 요즘에는 유튜브로 좋은 연주자들의 공연 실황을 볼 수 있으니 작곡가별, 연주자별로 곡을 듣고 리뷰해보는 것도 좋은 주제가 될 것입니다. 더불어 기록을 할 때는 내가 기존에 갖고 있는 지식과 감상에만 그치지 말고 다양한 자료를 함께 읽으며 공부하는 것을 추천합니다. 몰랐던 것을 알아가면서 지식을 쌓는 과정을 통해 관심사를 더욱 확장해나갈 수 있기 때문입니다. 일정한 기간 계속해서 기록을 병행하면서 이 콘텐츠에 관한 나만의 콘텐츠로는 어떤 것이 있을지도 생각해봅니다. 예를 들었던 클래식 음악의 경우, 자신이 알게 된 정보나 지식을 음악가 중심으로 정리하는 방법도 있고, 연주자나 역사적인 관점으로 바라보는 리뷰 등 다양한 기록의 방법들이 있습니다. 이렇게 다양한 시도들을 통해 나만의 독창적인 관점과 가치를 발견하려는 노력이 필요합니다.

하늘 아래 더 이상 새로운 것은 없습니다. 기존에 있는 것들에 나만의 개성이 담긴 아이디어와 차별화 포인트를 더해나가면서 나만의 관점을 만들고 거기에 가치를 부여하는 것이 진정으로 '좋아하는 일'을 잘하는 일로 삼는 방법입니다. 처음부터 자신이 원하는 일, 좋아하는 일을 알고 있는 사람은 없습니다.

좋아하는 일을 찾는 방법 중 또 다른 하나는 다음의 '3美'에 집중해보는 겁니다. 첫 번째, 그 일을 할 때 '재미'가 있는가를 생각해보세요. 어떤 일을 할 때 유난히 눈이 반짝이는 사람이 있습니다. 남들이 보기에는 지루하기 짝이 없는 일이지만 그에게는 세상에서 가장 재미있는 일일 수 있습니다. 두 번째 '흥미'가 있는가를 생각해봐야 합니다. 흥미는, 하면서 '흥이 나는 즐거움'을 말합니다. 재미와 흥미는 조금 의미가 다르지요. 마지막으로 '의미'가 있는가를 고려해봅니다. 이

세 가지의 미(美)가 충족된다면 그것이 내가 좋아하는 일일 것입니다.

《서양철학사》를 쓴 세계적인 철학자이자 수학자인 버트런드 러셀Bertrand Russell은, 일찍 부모님을 여의고 조부모의 손에서 컸습니다. 그는 어린 시절 내내 우울한 아이였습니다. 몇 번이고 자살 충동을 느꼈지만 다음 날 '새로운' 수학 문제를 풀 수 있다는 기대와 즐거움 때문에 매일을 살 수 있었다고 고백했습니다. 그는 90세가 넘도록 다방면에서 왕성한 연구와 활동을 이어간 학자입니다. 그에게 수학 문제 풀기는 '재미'와 '흥미' 그리고 '의미'까지, 세 가지가 완벽하게 조화를 이루는 일이었습니다.

내가 좋아하는 일을 단순히 취미 생활로 영위할 수도 있을 것입니다. 그러나 좋아하는 일을 잘하는 일이자 직업으로 새롭게 창조하면서 또 다른 삶의 활기와 즐거움을 누리는 것 또한 중년이 가질 수 있는 특권이 아닐까 합니다.

우리의 삶에서 '일'은 대단히 중요합니다. 나를 위해서만이 아니라 한 사회의 발전에 기여하기 위해서는 각자 자신의 분야에서 맹위를 떨쳐야 합니다. 일을 통해 보람을 얻을 때 우리는 행복을 느끼게 됩니다. 좋아하는 일과 잘하는 일 사이에서 괴로워하기보다는, 내가 좋아하는 일을 어떻게 하면 잘하는 일로 만들 수 있을지를 진지하게 고민하고 실천해보는 용기를 가졌으면 좋겠습니다.

"타인을 위해 네가 가장 잘하는 것에 최선을 다하라."

아리스토텔레스

# ● 당연한 것은 없다

서점에 갔다가 한참을 책 제목과 씨름했던 적이 있습니다. 도대체 저 제목이 의미하는 바가 무엇일까? 마치 아이가 된 것처럼 혼자 유추해보다가 안되겠다 싶어 이내 책의 앞부분 몇 장을 읽다가 결국 책을 사서 서점 끝에 위치한 카페에 앉아 꼼짝도 하지 않고 3시간 동안 읽어 내려갔습니다. 그 책은 바로 《물고기는 존재하지 않는다》[13]입니다. 제목부터 예사

---

[13]     참고 도서: 룰루 밀러, 《물고기는 존재하지 않는다》, 정지인 옮김, 곰출판사, 2021

롭지 않은 이 책은 그 후 여러 북튜버와 서평가의 소개로 베스트셀러가 되었지요.

책은 혼돈에 빠진 한 여자(화자)의 이야기로 시작됩니다. 우울했던 자신의 삶에 한 줄기 구원과도 같았던 사랑하는 사람을 뜻하지 않게 배신하게 된 여자는 상실과 혼란에 빠지게 되고 그 상황에서 탈출하고자 합니다. 하지만 도저히 답을 얻을 수 없었던 여자는 한 과학자의 이야기에 매료됩니다. 어류 분류학이라는 낯선 연구를 하는 18세기 초반의 데이비드 스타 조던은, 당대 인류에게 알려진 어류의 5분의 1을 발견하여 그 각각의 이름을 직접 짓고, 표본 작업까지 하는 열정적인 과학자였습니다. 하지만 1906년 지진으로 인해 그가 만들어 온 수많은 어류 표본들이 한순간에 깨지고 부서지게 됩니다. 자신이 그동안 연구했던 모든 '공든 탑'이 무너지는 것을 눈앞에서 보게 된 그는, 그럼에도 불구하고 결코 좌절하지 않고, 지진의 잔해 속에서 물고기 이름표를 찾아 하나씩 복구하기 시작합니다. 혼란에 빠졌던 여자는 이러한 조던의 이야기에 매료되어 그에 대해 본격적으로 탐구하기 시작합니다. 여자는 데이비드의 삶을 추적하며 그동안 과학적 진리라고 믿었던 것들도 인간의 편의에 의해 만들어진 것이고, 이 세상에

'당연하다'고 알려진 것들도 사실은 그렇지 않다는 것을 알게 됩니다. 그리고 삶을 열정을 가지고 살아가는 데 있어 가장 좋은 방법은 '산사태처럼 닥쳐오는 혼돈 속에서 모든 대상을 호기심과 의심으로 검토'하는 것이라고 말합니다.

우리가 인식하는 당연한 진리는 절대적이지 않으며, 그 안에도 여러 가지 문제점이 존재합니다. 더불어 시간과 공간의 변화에 따라 바뀔 수 있는 사실들도 존재합니다. 이것은 또한 인간이 존재하는 이유와 직면하는 모든 문제는 사실 당연하지 않다는 것을 의미하기도 합니다.

예를 들어, 인간은 삶과 죽음, 자유와 책임, 의미와 무의미, 선과 악 등과 같은 문제들에 대해 매우 복잡한 질문을 던지고 있습니다. 그리고 이러한 질문들은 우리가 인식하는 것 이상으로 깊은 사유와 연관되어 있습니다.

미국의 논리학자인 윌리엄 제임스William James는 "우리가 생각하는 것들 중에는 어떤 것도 보편적으로, 절대적으로, 불변하게 옳다거나 틀리다는 것은 없다"고 말합니다. 이 말에는 인간의 인식과 경험의 한계를 자각하라는 메시지가 담겨 있습니다. 인터넷이 지금처럼 발달하기 이전의 우리는, 전 세대의 말과 글을 통해서만 다양한 지식을 접할 수 있었습니다. 하지만 지금은 전 세계 모든 사람들과 소통할 수 있습니다. 당연하게만 여겼던 명제들도 세계 어딘가의 누군가가 또 다른 연구를 통해 그 '당연함'을 뒤집고 오류를 찾아내는 세상입니다. 그러니 우리는 기존의 지식과 진리에 대해 의심의 끈을 놓아서는 안 됩니다. 특히 개인의 경험, 문화적 배경, 지식 수준, 사회적 지위, 신념 등에 따라 세상은 각자에게 얼마든지 다르게 인식될 수 있다는 사실을 알아야 합니다.

어떤 학자는 "이제 본질 따위는 없다"라는 말을 했습니다. 이는 '본질' 즉, 진리나 정전正傳은 더 이상 존재하지 않는다는 의미입니다. 진리나 정전을 쫓기보다는 상황과 맥락 속에서 그 사안에 접근하여 서로에게 보다 효율적인 방안과 사고를 만들어가는 것이 인생을 좀 더 풍요롭게 사는 방법이 아닐까 합니다. 이를 위해 저는 비판적 사고를 제안합니다. 이는 '주어진 문제에 대해 내적 표상을 만들고, 이를 바탕으로 자신의 관점에서 무엇이 문제인지를 발견하고 해결하는 잠재적인 힘'입니다. 비판적 사고 능력을 갖게 되면 문제를 더 깊이 이해하고 설득력을 갖추게 되며 보다 면밀하게 사태를 바라보게 됩니다.

일상생활에서 비판적 사고 능력을 갖추기 위해서는 어

떤 태도가 필요할까요? 바로 당연하게 생각해왔던 어떤 상황에 대해 '왜'라는 질문을 던지는 마음을 갖는 것입니다. '왜'라는 질문 안에는 그 상황이나 사안에 대한 궁금증이 담겨 있습니다. 그리고 그것의 원인을 파악하는 근본적인 것을 생각하게 하는 힘이 있습니다.

예를 들어 '가을 하늘은 파랗다'라는 명제를 두고, 왜? 라는 질문을 던져봅시다. 그럼 '가을하늘 = 파랗다'라는 명제는 더 이상 '당연한' 것이 아니게 됩니다. 가을에 점점 심해지는 황사 현상에 대해서도 생각해볼 수 있고, 예전에 비해 맑지 못한 하늘이 가져다주는 가을의 우울감에 대해서도 생각하게 됩니다. 단순히 가을 하늘은 파랗다는 것을 당연한 것으로 인식하지 않고, 여기에 '왜' 라는 질문을 했을 뿐인데 다양한 방향으로 생각이 확장되는 것입니다. 이것이 비판적 사고가 갖는 힘입니다.

중년이 되면서 이전에는 '당연하게 여겨졌던 것'들이 더 이상 '당연하지 않다는 것'을 인식하게 됩니다. 그러면서 우리는 새로운 것들을 배우게 됩니다. 세대 간의 갈등과 관계의 어려움을 겪는 것도 어쩌면 이 '당연하다'는 말의 의미를 절대 진리로 여기는 시대착오적인 고정관념에서 비롯되는 것은 아닐까 생각해봅니다.

　　당연하게 해오던 것 대신에 새로운 것, 지금 나의 심장을 뛰게 하는 것, 지금 내가 애정을 갖고 바라보는 존재는 무엇인지 생각해보면 좋겠습니다.

# ● 취미를 갖는 일

"제가 좋아하는 게 뭔지 잘 모르겠어요." 중년을 위한 글쓰기 수업을 하다 보면 꼭 한 번씩 이런 질문을 받게 됩니다. 글쓰기란 자신의 생각과 감정 정리를 기반으로 하기 때문에 지금 가장 고민하고 있는 주제나 이야기가 주로 다뤄지기 마련입니다. 승진과 퇴사, 육아와 자녀교육, 사랑처럼 다양한 삶의 문제들이 중첩되어 등장하게 되지요. 그럼 저는 묻습니다. '여러분이 좋아하는 것은 무엇인가요?' 이 질문에 많은 분들이 당혹감을 드러냅니다. 살면서 단 한 번도 자신이 좋아하는 것이 무엇인지 생각해본 적이 없다고 말입니다. 그저 때가 되면 공부하고, 상급학교에 진학하고, 입사하고, 결혼하고, 아이를 낳고, 승진하고, 지금은 퇴사나 퇴직을 걱정하기에 급급하기만 하다고 말합니다. 그리고 저에게 되묻습니다. '좋아하는 것은 어떻게 찾는 건가요?'라고요.

100세 시대입니다. 이전 세대에 비해 퇴사와 퇴직 후의 여생이 길어지면서 예전보다 빠르게, 그리고 더 오래 혼자만의 시간을 갖게 되었습니다. 그러다 보니 전에 없던 고민도 생겼습니다.

많은 분들이 은퇴 후 몇 달 동안은 나름대로 열심히 그동안 즐기지 못했던 여가와 취미 생활을 누립니다. 하지만 일정 기간이 지나면 다시금 시들해지곤 합니다. 그리고 문득 '나는 앞으로 남은 시간들을 도대체 무엇을 하며 살아야 할까' 고민에 빠집니다.

요즘 중장년층을 위한 '제2의 인생' 찾기에 대한 열풍이 뜨겁습니다. 각종 프로그램에서 '인생이모작'이나 '생애 전환기'를 주제로 다룹니다. 외부로부터 다양한 정보를 얻는 것은 당연히 도움이 될 테지만, 자신에 대해서는 스스로가 가장 잘 알아야 합니다. 아래의 몇 가지 방법을 통해 자신이 진짜 좋아하는 것이 무엇인지에 대해 생각해보세요. 그리고 그것을 삶에서 꼭 한 번 실천해보시길 권합니다. 인생에서 한 번쯤은 자기가 좋아하는 일을 하면서 살아봐야 하지 않을까요?

우선 자신의 관심과 열정이 어디에 있는지 탐색해보세요. 평소에 즐겨보는 영상 콘텐츠, 다른 사람의 취미 활동, 눈길이 가는 책이나 물건들을 돌아보세요. 현재에서 답을 찾을 수 없다면 과거에 즐겁게 했던 취미나 관심사를 떠올려보는 것도 좋습니다.

저는 중학생 시절, 한 라디오 프로그램을 '맹렬히' 좋아했습니다. 그리고 방송국에서 일하고 싶다는 목표를 가지고 노력한 결과, 결국 방송작가가 될 수 있었습니다. 아마 여러분도 마음속에 열렬히 좋아했던 무언가가 한 가지쯤은 있을 겁니다. 책이나 영화였을 수도 있고, 음악을 듣는 일이나 악기 연주, 혹은 그림 그리기나 다이어리 꾸미기와 같이 장르도 다양할 것입니다. 무엇이든 좋아했던 것이 번뜩 떠오른다면 그것을 다시 한번 해보는 겁니다. 대학에 진학하거나 사회생활을 시작하면서 포기해야 했던 그 무엇, 혹은 단순히 관심사가 바뀌어 자연스레 잊혀졌던 것을 찾아내 다시 도전해보세요.

자신이 좋아하는 것을 찾는 또 한 가지 방법은 주변에 도움을 요청하는 것입니다. 어쩌면 여러분보다 여러분을 더 잘, 더 많이 알고 있을 가족이나 친구에게 조언을 구해보세요. 여러분의 잠재력과 열정을 발견하는 데 도움이 되는 사람들과 이야기를 나누는 것에서부터 실마리를 찾는 겁니다. 그들이 말하는 것이 정말 내가 좋아하거나 좋아할 것 같은 일인지 잘 모르겠더라도 우선 감행해보세요. 다양한 일들을 시도하며 자기도 몰랐던 취향이나 열정을 찾을 수도 있으니까요.

중년에 취미를 갖는 것은 행복한 인생을 보내는 데 있어 생각보다 중요한 일입니다. 중년은 자기만의 취미를 갖고 무언가를 다시 시작하면서 자아를 탐구하는 과정을 통해 삶의 풍요로움을 찾아야 하는 중요한 시기입니다. 남들에게 '내 취미는 말이야!' 하고 거창하게 이야기를 꺼낼 만한 무언가가 아니어도 괜찮습니다. 자기 스스로 자신의 '즐거움'을 찾는 일에 의지를 가지고 적극적으로 찾으려는 노력이 중요한 것입니다.

《데미안》의 작가 헤르만 헤세Hermann Hesse는 거주지를 옮길 때마다 정원을 만들고 가꾸는 일에 열중했다고 합니다. 그리고 그곳에서 그림 그리는 것을 즐겼습니다. 정원은 그에게 문명으로부터 벗어나 '자연의 리듬'에 몸을 맡기고, 혼란스럽고 고통에 찬 시대를 살면서 '영혼의 평화를 지키는 장소'였습니다. 주로 오후나 저녁 시간대에 글을 쓰고 책을 읽었던 헤세는, 오전에는 온통 정원에서 시간을 보냈습니다. 헤세에게 있어 정원에서의 노동은 일이 아닌 순수한 즐거움이었던 것 같습니다.

긍정심리학자인 한성열 교수는 저서 《이제는 나로 살아야 한다》[14]에서 중년이야말로 자기실현을 하기에 좋은 시기라고 말합니다. 그는 중년을 '삶을 입체적으로 바라볼 수 있는 시기'이자 미래의 삶을 준비하게 하는 '발달의 시간'으로 정의합니다. 중년은 인생에 있어 위기의 시간이 될 수도 있지만 보다 나은 삶을 설계할 수 있는 기회의 시간이 될 수 있다는 것입니다.

흔쾌히 나의 시간과 노력을 쏟을 수 있을 만한, 내 안의 흥미와 열정을 자극하는 일을 찾아나서야 합니다. 삶의 즐거움을 찾는 일을 게을리하지 마세요. 바로 지금이 여러분의 더 행복한 삶을 위해 행동해야 할 시간입니다.

---

[14]　참고 도서: 한성열, 《이제는 나로 살아야 한다》, 21세기북스, 2021

"20년 후 당신은, 했던 일보다 하지 않았던 일로 인해 더 실망할 것이다. 그러므로 돛줄을 던져라. 안전한 항구를 떠나 항해하라. 당신의 돛에 무역풍을 가득 담아라. 탐험하라. 꿈꾸라. 발견하라."

마크 트웨인Mark Twain

# ● 인정 욕구에 대하여

　　언젠가부터 청소년들의 희망 직업군에 유튜버나 연예인이 높은 순위를 차지하고 있습니다. '유명해지고 싶다'는 것이 이유입니다. '유명'의 사전적 의미는 '이름이 널리 알려져 있음'입니다. 불과 몇 십 년 전만 해도 '유명한 사람'은 주로 연예인이나 정치인들로, 매체나 언론에 자주 등장하여 대중들에게 널리 알려진 사람을 일컫는 말이었습니다. 하지만 이제는 다양한 플랫폼을 통한 자신만의 콘텐츠로 스스로 영향력을 얻고 유명해진 사람들이 많습니다.

　　요즘 강연장에서 만나는 분들 중에는 소위 말하는 인플

루언서, 즉 유명인이 되고 싶어서 글쓰기를 배우려 한다는 동기를 가진 이들이 꽤 많습니다. 만약 여러분에게도 유명해지고 싶은 욕구가 있다면 우선 그 근본적인 이유에 대해 살펴보는 것도 의미 있는 일이 아닐까 합니다.

인간에게는 '욕망'과 '인정'이라는 내면적 동기가 있습니다. 욕망은 무언가 갖고 싶거나 누리고자 탐하는 마음을 일컫고, '인정'은 확실히 그렇다고 여기는 마음입니다. 이때 욕망은 자기 자신을 향하는 내적 기제인 반면, 인정은 타인에 의해서 받는 외적 기제인 경우가 많습니다. 자신의 욕망과 타인의 인정이 동시에 이루어지면 인간은 행복감과 만족감을 느끼게 됩니다. 그래서 욕망과 인정은 인간을 이해하는 지표가 되기도 합니다.

"인간의 기본적 욕구 중 가장 높은 단계는 '인정받고자 하는 욕구'다!"

에이브러햄 매슬로Abraham Harold Maslow

많은 학자들이 인간의 욕망에 대해 연구했습니다. 그중

*104*

인본주의 심리학자인 매슬로의 5단계 욕구 이론이 가장 잘 알려져 있는데요. 매슬로는 인간의 행동은 각자의 필요와 욕구에 바탕을 둔 동기Motive에 의해 유발되고, 이러한 인간의 동기에는 위계가 있어서 각 욕구는 하위 단계(1단계)의 욕구들이 어느 정도 충족되었을 때 비로소 지배적인 욕구로 등장하며, 점차 상위 욕구(5단계)로 나아간다고 보았습니다. 유명인이 되고자 하는 욕구는 아래의 5단계 욕구 중에서 4단계에 속하는 '존경의 욕구'에 해당됩니다. 존경의 욕구는 타인에게 인정을 받고자 하는 욕구를 말합니다.

| 1단계 | 생리적 욕구<br>(Physiological Needs) | 생명을 유지하려는 욕구, 의식주를 포함 |
|---|---|---|
| 2단계 | 안전의 욕구<br>(Safety Needs) | 위험으로부터 자신을 보호하고 불안을 회피하려는 욕구 |
| 3단계 | 소속·애정의 욕구<br>(Belongingness and Love Needs) | 집단에 소속되고 싶고 주위 사람들에게 사랑받고 있음을 느끼고자 하는 욕구 |
| 4단계 | 존경의 욕구<br>(Esteem Needs) | 사람들과 친하게 지내고 싶은 욕구 |
| 5단계 | 자아실현 욕구<br>(Self-Actualization Needs) | 성장 욕구, 자기를 계속 발전시키려는 욕구 |

* 매슬로의 5단계 욕구

저는 4년 전부터 블로그에 글을 쓰고 있습니다. 처음에는 단순히 제가 좋아하는 책이나 드라마, 영화를 정리할 목적으로 블로그를 개설하고 비공개로 글을 올렸습니다. 그러던 어느 날, 실수로 비공개의 글이 공개되면서 여러 사람들의 댓글이 달리고, '좋아요'를 받는 과정을 겪으면서 '내 글을 읽어주는 사람이 있구나' 하는 것을 느끼게 되었습니다. 제 안에 저도 모르게 자리 잡고 있었던 '타인에게 인정받고자 하는 욕구'가 충족되었던 순간입니다. 그 순간의 짜릿함을 잊을 수 없습니다. 그 이후 용기를 내어 지금까지 꾸준히 블로그에 글을 쓰고 있습니다. 그리고 이러한 저의 글쓰기 동기에는 존경의 욕구를 넘어 자아실현의 욕구가 포함되어 있습니다.

자아실현의 욕구는 가장 높은 단계의 욕구로 자기만족을 의미하는데요. 만약 제가 지금까지 '좋아요'와 댓글에만 신경을 쓰면서 블로그에 글을 썼다면 4년이라는 긴 시간 동안 꾸준히 글을 쓸 수 없었을 것입니다. 하지만 오랜 시간을 거의 하루도 빠지지 않고 글을 쓸 수 있었던 동력은 블로그에 글을 쓰면서 얻을 수 있었던 '자기만족'에 있습니다. 글을 쓰는 내내 혹은 글을 쓰고 나서 생각과 감정이 정리되거나 해소되는 느낌을 맛보았고, 그 과정에서 쓰고자 하는 욕구와 열망이 실현되는 희열을 경험했기 때문입니다.

　인정받고 싶어 하는 인정 욕구가 강하다면 우선 그 너머에 있는 저의를 스스로 파악해보세요. 타인으로부터 나의 존재를 확인하고자 하는 인정 욕구인지, 아니면 나를 위한 자아실현의 도구인지를 먼저 잘 살펴보면 좋겠습니다. 만약 타인에게 인정받고 싶은 욕구에만 사로잡혀 있으면 쉽게 지치게 될 것입니다. 자신의 욕망과 타인의 인정 그 사이를 지혜롭게 넘나들 수 있는 유연성을 가진 사람이 될 수 있도록, 자기 자신을 제대로 인지하고 돌보는 일을 게을리하지 말아야겠습니다.

# ● 언행문言行文 일치의
# 삶을 향해

아동문학가 중 '한국의 체호프'라고 불리는 권정생 작가
는 《몽실언니》, 《강아지똥》, 《엄마 까투리》 등 어린이들을 위
한 수많은 동화를 쓴 대한민국의 대표 동화작가입니다. 권정
생 작가는 1937년 도쿄의 빈민가에서 태어나 1946년에 한국
으로 왔습니다. 살림이 어려워 초등학교를 겨우 졸업했지만
성적은 내내 전교 1, 2등을 할 만큼 우수했습니다. 어려운 형
편으로 인해 초등학교 졸업 후에는 상급학교에 진학하는 것
을 포기하고 생활 전선에 뛰어들게 됩니다. 나무장수, 고구마
장수, 일용직 노동자를 거치며 힘들고 어렵게 삶을 이어가다

19살 때는 폐결핵을 앓게 되면서 평생 병마와 싸우게 됩니다. 그리고 서른 살이 되던 해, 안동의 작은 시골 마을의 교회 종치기가 되어 그곳에서 소박한 삶을 살다가 생을 마감하게 됩니다. 동네 사람들은 권정생 작가의 작고 후 많은 이들이 그의 집에 오는 것을 보며 그가 아이들을 위한 동화를 쓰는 작가였다는 사실을 알게 되었다고 합니다.

교회에 딸린 작은 단칸방에 살던 권정생 작가는, 1969년 동화《강아지똥》으로 아동문학상을 수상하며 동화작가로서의 삶을 살게 되었습니다. 이후 다양한 작품을 발표하며 꽤 많은 인세를 모았지만 쓰지 않고 모아 두었다고 합니다. 돌아가시기 몇 해 전에는, 교회에서 나와 근처에 작은 흙집을 마련했지만 1평이 조금 넘는 작은 방 한 칸과 조리대가 있는 협소한 부엌, 그리고 작은 마루가 전부인 공간이었습니다. 10억이 넘는 인세가 통장에 있었지만 그는 평생 그 집에서 오로지 아이들을 위한 글쓰기에만 몰두했습니다. 죽기 전 그는 자신의 모든 재산과 사후 인세를 어렵고 힘든 아이들을 위해 써달라는 유언을 남겼습니다.

그가 세상에 알려진 것은 작은 기독교 잡지에 실렸던 단편동화《강아지똥》을 읽은 아동문학가 이오덕에 의해서입니다. 경북 봉화의 초등학교 교사였던 이오덕은 아무 쓸모도 없는 강아지똥이 비에 젖어 민들레꽃을 피우는 거름이 된다는 이야기에 매료되어 무작정 권정생 작가를 찾아갔습니다. 당시 권정생 작가의 나이는 36세였고, 교회의 종치기였습니다. 권정생 작가의 모습에 큰 충격을 받은 이오덕은 그의 첫 인상에 대해 이렇게 말했습니다. '동화를 쓰기 위해 세상에 태어난 사람.'

그 후 두 사람은 2, 3개월에 한 번씩 만났고, 만나지 못할 때는 편지를 주고받으며 30년간 문학적인 교류를 하게 됩니다. 문학동지이자 아버지와 아들과 같은 관계로, 서로를 아끼고 보듬어주었습니다. 12살의 나이 차이가 있었지만 단 한 번도 이오덕은 자신보다 어린 권정생 작가를 하대하지 않았습니다. 존경과 우정의 마음으로, 정중하고 간절하게 그와 그의 문학을 응원했습니다.

'남들이야 무슨 말을 하든지 저는 선생님의 작품을 참으로 귀하고 값있는 것으로 아끼고 싶습니다. 워낙 제가 무능해서 이 모양이 되었으니 그저 용서를 바라고 싶습니다.'[15]

이오덕이 권정생 작가에게 쓴 편지 중에서

이오덕의 응원에 보답이라도 하듯 권정생 작가는 1973년 《무명저고리와 엄마》라는 작품으로 조선일보 신춘문예에 당선됩니다. 하지만 그는 여전히 새벽마다 교회의 종을 치는 가난한 종치기였고, 약도 듣지 않는 전신결핵으로 원고지 한 장의 글을 쓰려면 열 번도 더 앉았다 일어났다를 반복해야 하는 힘든 상황이었습니다. 이오덕은 권정생 작가의 글이 실릴 수 있는 곳을 찾아 동분서주했습니다. 그러나 당시 출판시장은 좋지 않았고, 아동을 위한 책은 더 더욱 팔리지 않았습니다.

이오덕의 노력을 아는 권정생 작가는 자신을 위해 너무 애쓰지 않아도 된다고, 자신은 '보리밥을 먹을 수 있고 고무신을 신으면 너끈히 살아갈 수 있고' 그것이 오히려 더 편하다고 말했습니다.

'하늘을 쳐다볼 수 있는 떳떳함만 지녔다면 病身이어도 좋겠습니다.

**15**  이오덕·권정생, 《선생님, 요즘은 어떠하십니까: 이오덕과 권정생의 아름다운 편지》, 양철북, 2015

양복을 입지 못해도 장가를 가지 못해도
친구가 없어도 세 끼 보리밥만 먹고 살아도
나는 나는 종달새처럼 노래하겠습니다.'[16]

권정생 작가가 이오덕에게 쓴 편지 중에서

이오덕은 권정생의 작품을 많은 사람들에게 읽히고 싶어 했습니다. 물론 문학가의 입장에서 좋은 작품과 작가를 알리는 것은 흔한 일이지만 그의 유별난 권정생 사랑은 조금은 특별해보입니다.

아동문학가인 이오덕의 문학관은 명확했습니다. 이오덕에게 글이란 삶과 동떨어진 이야기가 아니었습니다. 삶의 이야기를 누구나 쉽고 진솔하게, 있는 그대로 쓰는 것이 문학이라고 생각했습니다. 그리하여 글쓰기의 주체는 전문가가 아니라 누구나가 되어야 한다는 것이 그의 생각이었습니다. 아이들의 글을 자주 책에 실었던 이유도 그런 이유에서였습니

**16**    정지아, 《천국의 이야기꾼 권정생》, 실천문학사, 2012

다. 그리고 그런 이오덕의 평소 신념과 문학관을 실천하고 있는 사람이 바로 권정생 작가였습니다. 이오덕은 권정생에게서 글쓰기의 희망이자 문학의 이유를 봤던 것입니다.

어느 날, 이오덕은 권정생 작가에게 자신의 체험을 그대로 담은 수기 같은 것을 써보라고 권합니다. 그러면서 권정생 작가가 살아온 역사를 세상 사람들에게 알리는 것도 보람된 일이라고 여긴다고 덧붙였습니다. 그의 화답은 장편동화 《몽실언니》로 탄생되었습니다. 불행한 한국 현대사를 관통한 자신의 삶을, 덮어두고 싶어 했던 아픈 기억들을 끄집어낸 것입니다. 배고픔을 이기지 못해 도망간 어머니, 의붓아버지 밑에서 천덕꾸러기가 되고, 절름발이가 되어 평생을 불편한 몸으로 살아야 했던 몽실이는, 전쟁에서 돌아온 아버지, 배다른 동생 그리고 새어머니의 죽음, 가난에 밀려 거리에서 생을 마감한 아버지의 죽음까지, 앞이 보이지 않는 칠흑 같은 어둠 속에서 살아야만 했습니다. 권정생 작가는 《몽실언니》를 쓰는 내내 매우 고통스러워했다고 합니다. 몽실이의 삶이 곧 자신의 삶이었기 때문이겠지요. 가까스로 이틀간 원고 20장을 쓴 권정생 작가는 심한 두통을 호소하기도 했습니다. 현재 《몽실언니》는 아동문학의 고전이 되었습니다.

그의 작품은 여전히 많은 아이들에게 읽히고 있습니다. 하지만 일각에서는 향유독자가 아동인 동화가 너무 슬프고 아픈 역사 속의 이야기를 드러내는 것에 대해 우려를 표하기도 합니다. 이에 대해 권정생 작가는 '자신은 결코 겪어보지 못한 꿈같은 이야기는 쓸 수 없으며 그러려고 노력하지도 않을 것'이라고 말했습니다. '산다는 건 눈물투성이'이며 '울 수 없다는 것은 죽음을 명시하는 일'이라고 말입니다.

　　물론 모든 작가가 자신이 쓴 글처럼 살 수는 없습니다. 일부에서는 작가와 그의 작품 세계는 별개라는 이야기도 합니다. 하지만 내가 쓴 글과 내 삶은 결코 분리될 수 없습니다. 글을 쓴다는 것은 (자신이 쓴 글을) 읽는 작업이기도 하기에 스스로에게 각인되는 과정입니다. 그러니 우리는 글과 일치되는 삶을 살도록 노력해야 합니다. 누군가 이런 말을 했습니다. 글은 쓰면 쓸수록 좋은 사람이 될 수밖에 없다고요. 맞는 말인 것 같습니다. 우리는 말과 행동이 일치하는 삶에서 조금 더 보태어 말과 글, 행동이 일치하는 삶을 지향해야겠습니다.

3장

# 아무도
# 가르쳐주지 않지만
# 배워야 하는 것들

# ● 기록하는 삶

영화 〈줄리 앤 줄리아〉는 미국의 전설적인 프랑스 요리 전문가 줄리아 차일드와 유명 요리 블로거 줄리 파웰의 실화를 바탕으로 한 작품입니다. 영화는 두 개의 시공간을 연결합니다. 1949년 외교관인 남편을 따라 프랑스에 온 줄리아(메릴 스트립 분)와 2002년 뉴욕의 중급 공무원인 줄리(에이미 에담스 분)의 삶이 교차로 진행됩니다. 나이도 다르고 사는 공간도 다른 두 사람의 공통점은 요리였습니다. 남편을 따라 프랑스에 왔지만 너무나 무료한 일상을 보내고 있었던 줄리아는, 모자 만들기, 게임 배우기 등 당시 주부들이 할 수 있는 취미를 찾아 이런저런 사교모임에 나가 봅니다. 하지만 그녀는 내내 행복해하지 않습니다. 그러다가 프랑스 요리를 만나게 되고 그것을 통해 삶의 의미를 찾게 됩니다. 더불어 요리를 하는 것에 그치지 않고 꾸준히 기록하여 책으로 출간하게 되는데, 이 책은 당시 베스트셀러가 된 것은 물론, 훗날 미국에서 전설적인 요리책이 됩니다.

시간이 흘러 2002년 뉴욕, 줄리는 소설가를 꿈꾸지만 정식 출간을 해본 적이 없습니다. 줄리는 무슨 일이든 '끝까지 해내는 일'이 없어 항상 자책을 하다 우연히 줄리아의 프랑스 요리책을 보게 됩니다. 이 책을 보고 '365일 동안 524가지 요리법'을 익히기로 결심하고, 이를 매일 블로그에 연재하기 시작합니다. 줄리의 블로그는 입소문을 타기 시작하고, 무료한 공무원이자 소설가 지망생이었던 줄리는 파워블로거가 되어 마침내 책 출간까지 하게 됩니다.

그녀의 인생에 큰 전환점을 가져다준 것은 무엇이었을까요? 바로 '기록'입니다. 기록은 쓰는 사람을 배신하지 않습니다. 기록은 한 사람의 있는 그대로의 삶의 모습입니다. 어떻게 살 것인지 스스로 결정하는 힘은 바로 기록에서 나옵니다.

철학자이자 소설가인 페터 비에리Peter Bieri는 저서 《자기 결정》에서, "타고난 것들은 결정할 수 없지만 어떻게 살아 갈지는 스스로 결정할 수 있다"라고 말합니다. 살아가는 방식은 각자의 몫입니다. 타고난 것이 다르기에 각자의 삶은 모두 존중받아야 하고 마땅히 자신의 방식으로 살아가는 것이 옳습니다. 그렇기 때문에 스스로 어떻게 살아갈지 결정하는 과정은 너무나 중요합니다. 우리는 각자가 특별하고 개성 있는 존재입니다. 타고난 성격이 다르고, 경험, 꿈과 열망도 다릅니다. 그러니 페터 비에리의 말처럼, 우리는 스스로 삶의 목표와 방향을 정해야 하고, 어떻게 살아갈지를 결정하는 데 있어 주인공이자 감독이 되어야 합니다.

하지만 이러한 결정을 내리는 것은 쉬운 일이 아닙니다. 외부의 영향과 압력, 사회적 기대와 규범, 그리고 자기 내부의 두려움과 불안이 큰 영향을 미치기 때문입니다. 때로는 다른 사람들의 의견과 평가에 영향을 받아 자신의 내면의 목소리를 듣기 어려울 수도 있습니다.

스스로 삶의 방식을 결정하기 위해서는 자기 인식을 통해 내면의 힘을 길러야 합니다. 그리고 내면의 힘을 기르는 데는 기록만 한 것이 없습니다. 무엇보다 기록은 생각을 정리하고 자신의 목소리를 찾는 데 도움을 줍니다.

또한 기록은 우리가 목표와 꿈을 실현하기 위해 구체적인 로드맵을 작성하는 데 도움이 됩니다. 목표를 설정하고 그것을 달성하기 위한 계획을 세울 때, 우리는 기록이라는 과정을 통해 어떤 것이 유효했고 어떤 것이 개선이 필요한지를 스스로 파악할 수 있습니다.

영화 〈줄리 앤 줄리아〉의 주인공들처럼 타인에게 공개하는 글을 써도 되지만, 다른 사람의 시선이 부담스럽다면 먼저 노트에 기록하는 습관을 들이는 것도 좋습니다. 그러다 어느 순간 조금씩 자신의 글을 다른 사람과 나눠보는 겁니다. 영화 속 줄리와 줄리아의 경우처럼 그 글이 공개되는 순간, 다른 '가치'를 얻게 될지도 모르니까요.

무언가를 기록한다는 것은 그 자체만으로 소중하고 가치 있는 일입니다. 혼자 하는 새벽 글쓰기도 좋고, 나만의 일기 쓰기도 좋습니다. 사람들과 함께하는 독서모임의 기록도 좋습니다. 요즘에는 온라인 플랫폼이나 스마트폰 어플리케이션 등 마음만 먹으면 언제든 기록할 수 있는 수많은 매체가 있습니다. 자신에게 가장 익숙하고 편한 한두 가지 방식을 택해서 꾸준히 기록해보세요. 그 기록이 당신이 삶의 방향을 정하는 데 있어 유용한 이정표가 되어줄 것입니다.

"죽어서 육신이 썩자마자 사람들에게 잊히고 싶지 않다면, 읽을 만한 가치가 있는 글을 쓰든지, 글로 남길 만한 가치가 있는 일을 하라."

벤자민 프랭클린Benjamin Franklin

# ● 정확한 말과 글의 힘

언어는 말과 글로 된, 인간이 자신의 생각과 감정을 표현하는 사유의 기호입니다. 누군가는 자신의 사유를 말로 표현하는 것이 익숙할 것이고, 누군가는 글로 표현하는 것이 익숙할 것입니다. 그때그때 자신에게 맞는 도구를 꺼내어 사용하면 됩니다.

인간의 언어는 태어나자마자 획득되지만 그것이 잘 발현되기까지는 꽤 오랜 시간이 필요합니다. 영아기의 아이는 부모나 주변 사람들의 언어 생활을 통해 자신의 언어를 찾게 됨으로, 부모나 주변 사람들의 언어는 한 사람의 평생 언어

생활에 큰 영향을 미친다고 할 수 있습니다.

어린 시절이나 학창시절, 청장년기의 언어는 아직 미숙합니다. 배우는 과정이기에 그럴 수밖에 없습니다. 하지만 중년에 이르게 되면 자신이 구사하는 말과 글에 책임을 질 수 있어야 합니다. 그래서 무엇보다 정확성이 요구되는 시기입니다. 게다가 SNS가 발달한 지금의 시기에 부정확한 언어는, 나뿐만 아니라 주변 사람들에게까지 악영향을 미칠 수 있습니다.

예를 들어 SNS에 사실 여부를 확인하지 않은 채 잘못된 정보를 지속적으로 게시하면 그 피드나 게시물을 본 사람들은 그것이 맞는 정보라고 여기고 다시 그것을 자신의 SNS나 주변에 퍼트리면서 결국 잘못된 정보가 진짜인 것처럼 여겨지는 경우를 우리를 흔히 보게 됩니다. 맞춤법의 경우가 그렇습니다. '몇일'이라는 단어는 맞춤법 표기상 맞지 않는 단어입니다. 이는 '며칠'로 표기해야 올바른 표현입니다. 하지만 수많은 SNS를 살펴보면 '며칠'이 아닌 '몇일'로 표기되어 있는 것을 자주 발견하게 됩니다. 단순히 맞춤법을 지적하려는 의도는 아닙니다. 이것은 아주 작은 예시에 불과합니다.

확인하지 않은 채 무분별하게 퍼지고 있는 가짜뉴스 역

시 그러한 예시 중 하나입니다. 부정확한 정보는 자신의 견해나 주장에 도움이 되는 정보만을 선택적으로 취하고, 자신이 믿고 싶지 않거나 동의하지 않은 내용에 대해서는 거부하는 확증 편향確證偏向을 불러일으키게 됩니다. 확증 편향은 내가 원하는 대로만 정보를 수용하고 판단하려는 경향입니다. 확증 편향이 심화되면 새로운 정보나 콘텐츠, 나와 다른 의견과 생각에 대해 수용은커녕 확인조차 하지 않는 성향으로 변하게 됩니다. 심지어 자신이 믿고 있는 것만이 맞고 다른 의견이나 생각은 무조건 틀리다는 편협한 생각에 빠지기 쉽습니다. 중년에 이런 성향을 보이는 분들을 우리는 종종 발견하게 됩니다.

　　나이가 들어감에 따라 새로운 정보를 받아들이고, 더 나은 것은 무엇일까 고민하는 일을 게을리해선 안됩니다. 변화하는 가치관에 유연하게 대처해야 합니다. 급변하는 사회에 자신의 생각만을 고수하는 것은 옳지 않을 뿐만 아니라 그것이 가짜 정보일 경우 사회적으로 고립될 수도 있습니다. 자신이 아는 것이라도 한 번쯤 의심해보고 체크하는 과정을 거치고, 나와 다른 사람의 의견과 생각을 열린 마음으로 듣는 유연함이 그 어느 때보다 필요한 시기입니다. 그래야 정확한 언어를 구사할 수 있고, 그러한 정확한 언어 습관이 나를 좀 더 따뜻한 사람으로 만들어줍니다. 단순히 내가 아는 지식을 자랑하는 것이 아닌 정확한 시선으로 세상을 바라보고 따뜻하게 인식하는 태도가 길러집니다.

그렇다면 정확한 언어 구사를 위해 우리는 무엇을 해야 할까요?

첫 번째, 사전을 자주 보기를 권합니다. 아는 단어라도 문장 내에서 의미하는 바는 여러 가지 일 수 있습니다. 이를 위해 사전을 곁에 두고 언제나 애용하기를 권합니다. 그리고 이와 더불어 사전적 정의나 단어를 활용해 글을 써볼 것을 제안합니다. 읽는 것은 아는 것을 인식하는 과정입니다. 하지만 쓰는 일은 아는 것을 실제 사용함으로써 더욱 더 정확하게 인식하는 과정입니다. 쓰기 위해서는 정확하게 알아야 합니다. 어설프게 아는 것으로는 좋은 글을 쓸 수 없다는 사실은 누구나 알고 있습니다. 충분히 알아야 하고, 의심 없이 알아야만 쓸 수 있습니다.

두 번째, 다양한 연령대의 사람들과의 만남을 통해 그들의 이야기를 경청합니다. 비슷한 환경, 비슷한 연령대의 사람들과만 소통하다 보면 은연중에 편견과 선입견이 생기기도 합니다. 이를 타파하기 위해 다양한 연령대의 사람들과 만나고 소통할 것을 권합니다. 지연과 학연을 통한 만남이 아닌, 같은 취미나 취향을 갖고 있는 다양한 연령대의 사람들과의 만남을 통해 폭넓은 의견과 생각을 듣고 소통하면서 선입견이나 고정관념이라는 해묵은 때를 조금씩 벗겨나가는 것이 무엇보다 중요합니다. 선입견과 편견은 우리의 생각을 고루하게 만들고, 정확하지 못한 막연하고 모호한 사고체계를 만들기 쉽습니다. 스스로를 가두는 틀에서 벗어나 좀 더 주체적인 생각을 형성하기 위해 끊임없이 편견 없는 공간으로 나를 데려다 놓는 것도 멋진 중년을 준비하고 헤쳐나가는 방법이 아닐까 합니다.

세 번째, 팩트 체크를 게을리해서는 안됩니다. 자주 의심하고 두 번 세 번 체크하는 연습이 그 무엇보다 필요합니다. 이미 경험치가 많이 쌓인 사람일수록 자신도 모르게 미루어 짐작하는 버릇이 생겼을 수도 있습니다. 이를 방지하기 위해서는 아는 것도 다시 한 번 체크하는 습관을 갖는 것이 좋습니다. 정확한 말과 글이 당신을 더 신뢰가 가는, 믿을 만한 어른으로 만들어줄 것입니다.

"독서는 사람을 온전하게 만들고

글쓰기는 사람을 정확하게 만든다."


프란시스 베이컨Francis Bacon

# ● 리더의 역할

"저 진짜 팀장 못하겠어요. 그냥 팀원으로 돌아가고 싶어요." 팀장 3년차인 후배 A가 어느 날 고민을 토로했습니다. 하루에도 수십 건의 결정과 선택을 해야 하는 일이 부담스럽고 버겁다는 것이었습니다. 얼마 전, TV 프로그램에 출연한 영화감독 A도 비슷한 고민을 털어놓았습니다. 연출부 막내로 있던 시절로 돌아가고 싶다고, 누군가 '이거 해라', '저거 해라' 할 때가 좋았다는 것입니다. 결정과 지시를 기다리며 자기의 입만 바라보는 수십 명의 스태프와 출연자들의 '해맑은' 눈동자가 꿈에까지 나와서 숙면을 방해한다며 온몸으로 괴로움을 토로했습니다.

나이가 들면 리더라는 위치에 더 자주 서게 됩니다. 가정에서도, 사회에서도 어디에서나 따르는 입장보다는 이끄는 사람이 됩니다. 그렇다면 과연 우리는 어떤 리더가 되어야 할까요?

여성 리더들을 위한 인문학 특강을 한 적이 있습니다. 강연이 끝날 때쯤 이런 질문을 받았습니다. "리더에게 가장 필요한 덕목은 무엇이라고 생각하시나요?" 저는 잠시 생각한 후 '위로와 격려' 사이를 잘 오가는 능력이라고 답했습니다. 팀원이 많든 적든 그룹이 형성되고 그 속에서 리더의 역할을 해야 한다면, 가장 필요한 것은 팀원들에게 때에 맞게 적절히 위로나 격려를 해주는 일입니다.

위로는 타인의 마음을 어루만져주는 행위 중 하나이고, 격려는 용기나 의욕이 솟아나도록 북돋워주는 것을 말합니다. 이 두 단어는 비슷한 듯하지만 확연히 다릅니다.

위로는 마음의 상처가 깊거나 곤궁에 처한 사람에게 큰 힘이 되기도 하고, 한 사람을 살리는 마력까지 지니고 있습니다. 독일의 철학자이자 사회학자인 게오르그 짐멜Georg Simmel은, '인간은 위로를 갈구하는 존재'라고 했습니다. 요즘에는 이런 인간의 심리를 이용한 '위로 마케팅'이라는 용어까지 생길 정도로 '위로'라는 말이 흔히 쓰이고 있습니다. 각종 책이나 SNS 글에는 '위로'라는 키워드의 다양한 콘텐츠가 즐비합니다. 하지만 단순한 몇 마디의 말이나 글이 진짜 위로가 될지는 알 수 없습니다. 타인의 위로는 그 말을 듣는 순간에는 위안이 되지만 다시 비슷한 문제에 직면하게 됐을 때 스스로 극복할 수 있는 지속력을 갖지는 않습니다. 즉 근본적인 문제가 해결되지는 않는다는 것입니다.

격려는 조금 다릅니다. 심리학자 알프레드 아들러Alfred Adler는, 인간은 자신의 삶과 행동을 스스로 선택할 수 있는 주체적인 존재임을 설명하며 공동체 감각에서 가장 주목해야 하는 것으로 존중과 격려를 꼽았습니다. 아들러는 용기를 불러일으킬 수 있는 격려가 인간의 성장에 있어 필수적인, 행동을 변화시키는 핵심 요인이라고 생각했습니다. 또한 격려는 수직적인 인간관계가 아닌 수평적인 위치에서 이루어지고 평가적인 태도는 배제되는 것이라고 말했습니다.

격려는 결과보다 과정에 집중하는 것이며 타인과의 협력과 공동체에 대한 공헌이 강조되는 개념입니다. 위로는 따뜻한 말이나 행동으로 괴로움을 덜어주거나 슬픔을 달래주는 행위입니다. 하지만 깊이 생각해보면 위로는 일시적입니다. 그 순간의 괴로움이나 슬픔을 덜어줄 수는 있지만 지속적인 무엇이 될 수는 없습니다. 하지만 격려는 다릅니다. 격려는 용기나 의욕이 솟아나도록 북돋워주는 것을 말합니다.

위로와 격려의 결정적인 차별점은 그 말에 담긴 '근거'의 유무에 있는 것 같습니다. 위로는 막연하고 두루뭉술합니다. 정확한 근거를 기반으로 하는 것이 아니기에 감정이입만으로도 할 수 있습니다. 하지만 격려는 근거를 기반으로 하기 때문에 상대방으로 하여금 용기와 의욕이 솟아나게 합니다. 좀 더 상대의 내면에 가닿을 수 있는 힘을 갖고 있습니다.

예를 들어 보겠습니다. 신입사원 A는 밤을 새워 중요한 기획안을 마무리했고, 다음 날 임원들 앞에서 프레젠테이션까지 잘 마쳤습니다. 다만, 결과는 그리 만족스럽지 못했습니다. 기획안이 채택되지 못했으니까요. 이때 동료들이 그에게 한마디씩 합니다. "A씨, 그래도 고생 많았어요" 이것은 위로입니다. 반면 "A씨, 기획안 내용 참 좋았어요. 한번 시도해볼 만한 기획이라고 생각해요. 좀 더 발전시켜보면 어떨까요? 고생했어요"라고 한다면 이것은 격려입니다.

위로는 필요 없다는 얘기가 아닙니다. 큰 고통과 상실,

불행 앞에서 위로는 반드시 필요하고 꼭 있어야 할 존재입니다. 여기서 말하고자 하는 것은 일상생활에서 시도 때도 없이 튀어나오는 가벼운 (위로라고 불리는) 말들에 대해 생각해보자는 것입니다. 다른 사람에게 위로나 격려를 건넬 때에는 그것이 자기만족을 위한 가벼운 위로인지 진정 상대를 위한 것인지 한 번 더 숙고해야 합니다.

격려가 필요할 때 위로를 해주면 오히려 내적 동기를 떨어뜨리는 부작용이 있을 수 있습니다. 적절하고 근거 있는 격려를 통해 상대방이 현시점을 파악하고 또 다른 도약을 만들어낼 수 있도록 돕는 것이 중요할 것입니다.

마음이 담기지 않은 가벼운 위로가 만연하고 있는 시대입니다. 상대에게 진정 필요한 것이 위로인지 격려인지 잘 구분하는 것도 현명하고 지혜로운 리더이자 어른이 되기 위한 최소한의 덕목이 아닐까 생각합니다.

# ● 반복에서 찾을 수 있는 것

"반복 독서를 해보세요. 같은 책도 처음 읽었을 때와 두 번째 읽었을 때의 느낌이 다릅니다." 가장 좋은 독서법을 묻는 질문에 저는 늘 이렇게 말하곤 합니다. '반복 독서'라고요. 같은 책을 여러 번 반복해서 읽으면 읽을 때마다 사뭇 다른 느낌이 듭니다. 어떤 경우에는 전혀 다른 책으로 읽히기도 합니다. 저에게는 생텍쥐페리의 《어린왕자》가 그렇습니다. 이 책은 10대에 읽었을 때와 20대와 30대, 중년이 되어서 읽었을 때의 느낌이 모두 달랐습니다. 10대 때에는 작가가 전하고자 하는 메시지가 명확하게 와닿지 않았습니다. 20대, 30대에는 '친구'라는 주제에 대해서 집중하며 읽었고, 중년이 되어서는 책의 거의 모든 내용이 내 삶과 직결된 문제에 대해 답을 주는 것처럼 느꼈습니다. 끝없이 필사했고, 수많은 명문장들이 쏟아지는 책이라는 것을 실감했습니다. 분명 같은 책인데도 매번 읽을 때마다 '차이'가 느껴집니다. 이상하지요? 아마 10대 때 읽고 나서 다시 읽지 않았다면 느껴보지 못했을 마음일 겁니다. 이렇게 반복에서 차이를 느낄 수 있는 것은 독서에서뿐만이 아닙니다.

　　프랑스의 인상파 화가 중 한 사람인 클로드 모네Claude Monet는 연작화가로 유명합니다. 〈건초더미〉를 비롯해 〈포플러나무〉, 〈루앙 대성당〉, 〈수련〉은 그의 연작 시리즈입니다. 모두 동일한 사물이 빛에 따라 어떻게 변하는지 잘 표현해낸 작품들인데요. 모네의 연작을 보며 동료 화가인 세잔Paul Cezanne은 빛의 변화에 민감하게 반응하는 그의 탁월한 능력에 대해 "모네는 신의 눈을 가진 유일한 인간"이라며 감탄했다고 합니다. 같은 공간, 같은 사물을 보았지만 모네의 눈에는 미세한 '차이'가 보였던 것이죠. 세잔은 그런 모네의 예술성을 '신의 눈'이라고 표현했습니다. 그리고 철학자 들뢰즈는 모네가 가진 '신의 눈'을 '차이'라고 정의했습니다. '차이'는 곧 '반복'

을 통해서 드러난다고 말합니다. 들리즈는 이러한 반복되는 차이를 통해 우리가 '배움'을 얻게 된다고 했습니다. 그는, 플라톤이 말한 배움은 '그림자나 모형물만을 보던 어두컴컴한 동굴의 세계로부터 벗어나 실물을 볼 수 있는 밝은 이데아의 세계로 나아가는 활동'을 전복시키고, 그런 배움은 단순한 닮음이나 모방이라고 정의했습니다.

예를 들어 학교에서 배운 다양한 지식들은 진정한 배움이라기보다 교수자로부터 단순한 지식들을 배우고 그것을 학습하는 것에 불과하다는 것입니다. 진정한 배움은 단순한 닮음이나 모방을 넘어 새로운 것을 만들어내는 것을 의미합니다. 학교에서 배운 반복적인 지식을 활용해서 차이를 발견하고, 이를 통해 자기만의 새로운 것을 만들어내는 과정이 진정한 배움이라고 볼 수 있습니다.

들뢰즈는 '차이를 생성하는 변이를 중심으로' 배움을 설명했습니다. 닮은 것을 재생산하는 역량이 아니라 차이를 생성하는 역량에 의미와 가치를 부여하면서 세계를 이해하고 배운다는 것을 설명하려는 것입니다. 배움은 그렇게 반복되는 차이에서 이루어진다는 것이 그의 설명입니다. 덧붙여 인간이 누군가가 만들어놓은 '홈 패인' 배움을 계속한다면 그것은 교육이 아닌 '노동'이라고 했습니다.

차이를 통해 얻게 되는 것이 진정한 배움이 되려면, 우리는 무엇을 해야 할까요? 들뢰즈는 주변의 대상들이 내보내는 수많은 기호들을 배움의 주체인 인간이 특별하게 감각해야 하고 그중 '낯선 기호에 사로잡혀야 한다'고 말합니다. 이를 위해서는 주변의 반복적인 현상들에 대해 좀 더 주의를 기울여야 합니다. 그리고 그것들의 차이와 낯설게 드러나는 기호들에 더 감각적으로 감응하는 태도가 필요합니다.

반복은 지루합니다. 하지만 그 속에서 미묘한 차이를 발견하려고 노력하는 것, 어쩌면 그것이 이 시대에 필요한 창의적 관점이 아닐까 생각합니다. 중년의 배움은 이렇듯 '차이'를 통해 이루어질 수 있습니다."[17]

**17**  참고 도서: 김재춘·배지현,《들뢰즈와 교육》, 학이시습, 2016

# ● 묵은 것을 버려야 할 때

나이가 들수록 삶의 경험이 늘어나고 그럴수록 편견, 고정관념, 고집이 쌓이기 쉽습니다. 그러나 이것들은 모두 새로운 사람과 경험을 받아들이지 못하게 만들고, 그로 인해 개인적인 성장과 발전을 방해하는 요인이 될 수 있습니다.

'아는 것이 힘이다'라는 말로 유명한 영국의 철학자 프란시스 베이컨Francis Bacon은, 지식을 습득하기 위해서는 관찰과 실험을 통해 직접 경험해야 한다고 말했습니다. 그리고 이 과정에서 선입견과 편견이 새로운 지식의 습득을 방해한다고 언급했습니다. 베이컨은 이처럼 우리의 배움을 방해하는 것들

을 '우상Idola'이라고 표현하면서 이를 네 가지로 구분하여 설명하고 있습니다. [18]

첫 번째는 '종족의 우상Idola Tribus'입니다. 이것은 모든 것을 인간 중심으로 생각하는 데에서 오는 선입견과 편견을 말합니다. 예를 들어 "봄을 찬미하며 꾀꼬리가 노래한다", "새가 노래하고 나비가 춤춘다" 등과 같은 표현에 대해 생각해봅시다. 새는 그저 지저귄 것뿐이고, 나비는 그저 날갯짓을 한 것뿐인데 인간이 자신 위주로 해석하고 표현함으로써 새와 나비의 본능적 행위에 다른 의미를 부여했습니다.

두 번째는 '동굴의 우상Idola Specus'입니다. 종족의 우상이 '인간'이라는 인류를 대상으로 한 것이라면, 동굴의 우상은 개인의 정서 상태, 기분, 기존에 가졌던 선입견이나 편견, 첫인상 등에 의해 갖게 되는 개인적인 오류를 뜻합니다. 예를 들면 같은 자극이라도 그날의 기분 상태에 따라 대하는 반응이 다를 때의 오류를 일컫는 경우입니다. 이는 타고난 개인의 본성 또는 교육의 영향, 타인에게 받는 감화 등을 통해서 만들

---

**18**　4가지 우상 이론, 나무위키 참조

어지는 선입견과 편견을 말합니다.

세 번째는 '시장의 우상Idola Fori'입니다. 시장의 우상은 인간의 의사소통, 즉 사회적으로 통용되는 언어가 가지는 선입견과 편견을 말합니다. 의사소통을 하는 데 있어서 서로 같은 언어를 사용해야 생각과 감정이 오류 없이 전달될 수 있음을 의미합니다. 만약 여기서 왜곡이나 과장이 발생하면 원래의 뜻과는 전혀 다른 의미로 전달될 수 있어 오해와 갈등, 논쟁에 사로잡히게 될 수 있습니다.

네 번째는 '극장의 우상Idola Theatri'입니다. 극장의 우상은 역사나 전통, 권위, 사상을 비판 없이 그대로 믿고 수용하는 과정에서 생기는 편견을 말합니다. 기존의 사상이나 권위, 전통을 무비판적으로 수용하게 되면 오류를 범하게 됩니다. 이는 학문적인 연구를 그르치게도 합니다. 베이컨은 과학적인 인식과 태도를 갖추기 위해 이러한 편견을 없애야 한다고 말합니다.

베이컨이 말한 위의 네 가지 우상은, 우리가 일상생활에서 흔히 말하는 '입증되지 않은' 고정관념을 뜻합니다. 우리는 나이가 들수록 자기도 모르게 편견과 선입견에 사로잡히기 쉽습니다. 그러니 기존의 경험, 지식, 가치관을 끊임없이 의심하면서 현재에 안주하는 것을 경계해야 합니다.

그렇다면 오랫동안 묵혀둔 고정관념이나 편견 같은 것들은 어떻게 벗겨낼 수 있을까요? 우선은 자신이 가지고 있는 편견과 고정관념을 자각하는 것이 중요합니다. 그리고 그것이 자신의 생각과 행동에 어떻게 영향을 미치는지 생각해봅니다.

그 다음으로는 새로운 것을 배우고 지식을 확장하는 데 있어 열린 태도를 가져야 합니다. SNS로 접하게 되는 젊은 세대의 의견이나 생각도 귀담아들으려 노력해봅시다. 그들의 취미 생활을 관찰하면서 관심이 가는 것이 있다면 과감하게 도전해보는 것도 좋습니다. 일단 시작해보고 아니다 싶으면 그만두는 것도 나쁘지 않습니다. 요즘은 온라인 강의나 웹사이트를 통한 교육 프로그램도 많습니다. 배우려는 마음만 있다면 어디서든 새로운 지식을 습득할 수 있습니다.

호기심과 탐구심을 갖는 일 또한 중요합니다. 나이가 들면 매사에 흥미를 잃기 쉽습니다. 체력이 떨어지면서 정신적인 기력도 함께 떨어지기 때문입니다. 반대로 정신적인 힘을 기르면 육체의 활력도 어느 정도 끌어올릴 수 있습니다. 정신적 힘과 체력을 쌓는 데에는 호기심만 한 것도 없습니다. 늘

보는 물건, 먹는 음식, 만나는 사람을 제외한 낯선 것들에 조금씩 관심을 가져보세요.

마지막으로 겸손한 자세를 가져야 합니다. 특히 사회적으로 괜찮은 지위에 오르고 많은 이들의 신망을 얻고 있는 사람이라면 자신에 대한 자부심과 자존감이 높을 가능성이 큽니다. 그런데 이에 더해 자만심까지 얻게 되는 경우도 많습니다. 자신의 경험과 지식을 소중히 여기되, 다른 사람들과 함께할 때는 그들의 지식과 경험에 귀를 기울이고 존중할 줄 아는 겸손한 사람이 되도록 노력해야 합니다.

'쇄신刷新'[19]이라는 단어가 있습니다. '그릇된 것이나 묵은 것을 버리고 새롭게 함'이라는 뜻입니다. '제2의 인생'을 시작하는 데 있어 쇄신만큼 중요한 것도 없을 것입니다.

**19** 표준국어대사전 참조

# ● 판단을 경계해야 하는 이유

  사람들과의 관계에서 어려움을 겪을 때마다 찾게 되는 작가가 있습니다. 바로 세계적인 대문호 톨스토이입니다. 19세기 러시아를 대표하는 그의 작품은 인물들의 복잡한 내면을 잘 드러내는 것으로 유명합니다. 특히 그의 3대 장편소설인 《전쟁과 평화》,《안나 카레니나》,《부활》은 여전히 많은 이들에게 사랑받고 있는 작품들입니다. 얼마 전 그의 마지막 장편소설인 《부활》을 다시 읽었습니다. 30대의 끝자락에 처음 읽고는 한동안 잊고 살았습니다. 그러다 오십을 목전에 두고 다시 꺼내본 것입니다.

1899년 발표된 《부활》은, 《전쟁과 평화》, 《안나 카레니나》에 비해 예술적 성취도가 낮다고 평가받기도 합니다. 예술가 톨스토이의 모습보다 사상가로서의 면모가 많이 드러나기 때문이죠. 이렇게 해라, 저렇게 해라 잔소리가 조금 많습니다. 그런데 이상합니다. 처음 읽을 때는 냉소적으로 다가왔던 문장들이 이제는 고개를 끄덕이게 합니다. 그중에서도 아래의 문장에서 저의 시선은 한참을 머물렀습니다.

'인간은 강물과도 같다. 강물은 언제고 변함없이 흐르지만 어느 곳에서는 폭이 좁고 물살이 빠르기도 하다가 다른 곳에서는 넓어지면서 물살이 느려지기도 한다. 맑은 곳이 있는가 하면 탁한 곳도 있고 차가운 곳이 있는가 하면 따뜻한 곳도 있다. 인간도 이와 마찬가지다. 어느 인간이건 인간의 모든 특질의 싹을 안에 지니고 있어 어느 때는 이런 특질이 나타나고 어느 때는 저런 특질이 나타나기도 하며 여전히 똑같은 사람이면서 전혀 다른 사람으로 보이기도 한다.'[20]

문학을 읽는 이유에 대해, 특히 소설을 읽는 이유에 대해 생각해봅니다. 우리는 소설을 읽으면서 타인의 삶을 들여다보고 상상하게 됩니다. 이러한 간접 경험을 통해 책 밖에서도 타인을 더욱 잘 이해할 수 있습니다. 삶은 매우 복잡하기 때문에 우리가 경험한 선에서 이해할 수 있기 때문입니다.[21]

톨스토이의 작품은 그런 면에서 많은 도움이 됩니다. 그가 그리는 책 속 인물들의 삶을 따라가다 보면 나도 모르게 그들의 삶과 내 삶을 동일시하게 됩니다. 그렇게 켜켜이 타인의 삶을 만나게 되면 우리가 너무 겉모습만 보고 한 사람에 대해 쉽게 판단하는 것은 아닐까 생각하게 됩니다. 그래서 문학이 존재하는가 봅니다. 타인의 삶을 들여다보고 그들의 삶을 이해하며 그 속에서 또 다른 나를 성찰하게 하는 힘, 그것이 바로 문학이 주는 강력한 에너지입니다.

판단은 사물을 인식하는 논리나 기준에 따라 판정을 내리는 것을 의미합니다. 옳고 그름, 좋음과 나쁨 등을 헤아려 가리는 것을 말합니다. 중국 드라마 〈겨우, 서른〉은 화려한 상

20    톨스토이, 《부활》, 진형준 옮김, 살림, 2020
21    참고 자료: 요한 하리, 《도둑맞은 집중력》, 김하현 옮김, 어크로스, 2023

하이에서 살아가는, 비슷한 듯 다른 30대 여성들의 우정, 사랑, 일에 대한 이야기를 현실적으로 보여줍니다. 주인공인 왕만니는 명품 부티크에서 일합니다. 어느 날, 매장에 허름한 차림의 중년 여성이 들어오고, 왕만니는 그 여성에게 '신상품'을 소개합니다. 하지만 동료 직원은 왕만니의 행동에 의아해하며 "시간이 아깝지도 않아?"라고 말합니다. 중년 여성의 옷차림만 보고 그녀가 이 매장에서 물건을 사지 않을 것이라고 '판단'한 것입니다. 하지만 왕만니는 동료의 말에 아랑곳하지 않고 그 여성의 곁에서 친절하게 상품을 안내합니다. 한참 이것저것 물건을 고르던 그 여성은 더 비싼 제품은 없는지 물어봅니다. 그리고 왕만니에게 그 물건을 삽니다.

사람을 겉모습만으로 판단하는 것은 자칫 오만함을 불러올 수 있습니다. 소설 속의 인물들이 다변적이고 변화무쌍하듯 현실에서의 우리의 삶도 마찬가지입니다. 인간에게는 다양한 모습이 존재하고 이를 상황과 맥락에 맞게 하나씩 꺼내게 됩니다. 왜냐하면 인간은 '강물과도 같은 존재'이기 때문입니다. 어떤 폭의 강을 흐르느냐, 얼마나 많은 돌이 있느냐, 전날 비가 얼마나 많이 왔느냐에 따라 강물은 수시로 변합니다.

나이가 들수록 무르익어 보이는 사람들이 있습니다. 그들의 공통점은 타인에 대해 쉽게 판단하지 않는다는 것입니다. 누군가가 타인에 대해 안 좋은 말을 할지라도 그들은 '그럴 만한 사정이 있겠지요', '아마 그날 무슨 일이 있었나 봅니다', '설마 그런 감정은 아닐 겁니다' 등의 말로 타인에 대한 선부른 판단을 보류합니다. 그런 성숙한 사람이 되기 위해서는 어떻게 해야 할까요?

누군가를 판단하기에 앞서 그 사람을 관찰해보라고 말하고 싶습니다. 특히 함께 일을 해야 하거나 오래 봐야 할 사람이라면 더더욱 차분히 관찰할 것을 권합니다. 나보다 약한 사람을 대하는 태도를 보는 것도 좋고, 누군가를 비난하거나 헐뜯는 주변의 말에 어떻게 반응하는가를 살피는 것도 좋은 방법입니다. 더불어 그 사람에 대해 갖고 있는 편견은 아무리 작은 것이라 하더라도 버리려고 노력해야 합니다. 물론 쉽지 않습니다. 중년이 되면 많은 경험치로 인해 자신도 모르게 아집과 편견이 쌓이게 됩니다. 그렇게 편견에 사로잡히면 정말 좋은 것, 진실한 것들을 놓치게 됩니다. 편견은 내가 다른 사람을 사랑하지 못하게 하고 오만은 다른 사람이 나를 사랑할 수 없게 합니다.

이미 생겨난 편견을 버리는 일에는 많은 시간과 노력이 필요합니다. 자신에 대해, 그리고 타인에 대해 열린 마음을 갖고 끊임없이 자신의 생각을 의심하고 새로운 지식을 받아들이는 태도가 중요합니다. 편견을 버리는 일은 지속적인 과정입니다. 습관처럼 자기반성을 통해 성장하려고 노력해야 합니다. 다양한 사람들과 대면하고 대화하는 기회를 가져봅시다. 다른 사람의 경험과 감정을 공감하려 노력하는 것이 편견을 줄이는 데 도움이 될 테니까요.

# ● 늙지 않는 눈

아일랜드의 한 도시에서 아이들이 중학교에 입학하기 전까지 스마트폰을 쓰지 못하게 하는 프로젝트를 실시했다고 합니다. 1만 8천 명 정도가 거주하는 아일랜드 동부 그레이스 톤스Greystones의 8개 초등학교 학부모 협회는, 학교의 안과 밖, 일상생활 중에도 어린 자녀들이 스마트폰을 쓰지 못하도록 하는 데 합의했다고 밝혔습니다. 이 프로젝트를 실시한 이유는 어린이들이 미디어를 통해 이른 나이부터 자극적인 콘텐츠에 노출되다 보니, 자칫 너무 빨리 '순수성'을 잃게 될까 우려했기 때문입니다.

147

아이들의 스마트 기기 접촉 시기가 급격히 빨라지고 있습니다. 불과 몇 년 전까지만 해도 초등학교 5, 6학년이 되어야 손에 쥘 수 있었던 스마트 기기는 이제 초등학교 입학과 동시에 이루어지고, 곧바로 '부모'보다 더 친밀하고 '친구'보다 더 애틋한 관계가 되었습니다.

물론 스마트 기기가 주는 장점들을 무시할 수는 없습니다. 다매체, 초연결 시대에 스마트폰 하나만 있으면 전 세계의 수많은 정보들을 빠르게 접할 수 있습니다. 하지만 스마트 기기의 빠른 접촉은 인생에서 가장 '순수한 기간'을 점점 줄어들게 할지도 모른다는 치명적인 단점을 갖고 있습니다. 아이들이 너무 일찍 세상을 알게 된다고 해야 할까요?

아이들의 순수한 마음, 어른들은 절대 흉내낼 수 없는, 있는 그대로의 그 예쁜 마음을 우리는 '동심動心'이라고 합니다. 사실 동심이라는 단어는 요즘 많이 쓰이고 있지 않습니다. 오래된 구舊단어입니다. 동심은 '아이의 마음'입니다. 티 없이 맑고 순수한, 무엇과도 비교할 수 없는, 그런 마음이나 생각을 일컫는 말입니다.

어린이의 마음, 동심하면 떠오르는 사람이 있습니다. 바로 소파小波 방정환입니다. 어린이날을 만든 사람으로 알려진 방정환은 아동문화운동가로 유명하지만 아이들을 위한 글을 쓴 아동문학가이기도 했습니다. 그는 일본에서 아동문학을 공부하면서 서양의 명작들을 다수 번안, 번역했습니다. 특히 우리에게 잘 알려진 오스카 와일드의 《행복한 왕자》는 그가 최초로 번역하여 《왕자와 제비》라는 제목으로 출간되어 우리나라 아이들에게 읽혔습니다. 또 최초의 탐정동화 《칠칠단의 비밀》을 쓰기도 했습니다. 10대 후반에서 33세까지 불과 10여 년 사이에 그는 어린이를 위한 동요, 동시, 동화 등을 끊임없이 창작하면서 아이들을 위한 다양한 실천 운동에 발 벗고 나서기도 했습니다.

어린이라는 '자장'[22]은 그에게 또 다른 희망이자 삶의 이유였습니다. 다음은 1923년 〈개벽〉지에 실린 〈새로 개척되는 '동화'에 관하여 – 특히 소년 이외의 일반 큰 이에게〉라는 글의 일부입니다.

'우리는 자주 그 깨끗한, 그 곱고 맑은 고향 – 아동의 마

---

[22]　자장: 자석의 주위, 전류의 주위, 지구의 표면 따위와 같이 자기의 작용이 미치는 공간

음에 돌아가기에 힘쓰지 않니 하면 아니 된다. 아동의 마음! 참으로 우리가 사는 세상에서 아동 시대의 마음처럼 자유로 날개를 펴는 것도 없고, 또 순결한 것도 없다. (중략) 우리는 항시 시시로 천진난만하던 옛-고원-아동의 세계-에 돌아가 마음의 순결을 빌리지 아니하면 아니 된다.'

방정환은 순결과 자유와 아름다움이 모두 동심에서 비롯된다고 생각했습니다. 더불어 아동을 '사물을 직관적으로 보는 시인'의 특성을 가지고 있는 존재로 인식했습니다.[23] 순수하고 맑고 깨끗하기에, 어린이의 마음은 '아름다운 인생'이라고 명명하기도 했습니다.

그렇다면 동심의 눈은 대체 어떤 것일까요? 방정환은 동심을 단순한 아이의 마음, 순수의 결정체로만 해석하지 않았습니다. 천도교의 관점에서 본 '인내천 사상의 사회적 실현'이 바로 어린이의 얼굴이라고 말했습니다. 자유와 평등, 박애

---

**23**   참고 자료: 논문, 안경식, 〈소파 방정환의 삶과 동심〉, 2019

와 환희, 행복 등 '이 세상 모든 아름다운 것만 한없이 많이 가지고 사는 이'가 바로 '어린이'라고 정의했습니다.

얼마 전 뉴스에서 동네 바바리맨을 잡은 초등학생들의 이야기가 소개되었습니다. 동네사람들을 괴롭히는 바바리맨을 초등학생 몇 명이 직접 추적해서 경찰서에 신고했다는 내용이었는데요. 위험천만한 이야기지만 한편으로는 불의를 보고 참지 않는, 순수한 아이들의 모습에 감동하기도 했습니다.

다양한 콘텐츠가 생산되고 소비되는 요즘 시대에 미디어에서 쏟아내는 수많은 콘텐츠들은 우리는 피폐하게 만듭니다. 알고리즘에 의해 알고 싶지 않은 이야기까지 무방비로 접하게 된 날이면 괜히 머리까지 아파옵니다. 대부분은 아이들에게 보여주고 싶지 않은 세상의 '민낯'입니다. 물론 세상에 대해 일찍 알고 대처하는 능력을 키우는 것도 중요합니다. 하지만 '순수해야 할 시기'에는 조금 천진난만하게 세상을 바라보는 것도 그 시기에만 누릴 수 있는 혜택이 아닐까 싶습니다.

중년에야말로 순수한 아이의 눈을 갖도록 노력해야 합니다. 우리는 살면서 얻은 지식과 경험들로 인해, 어떤 상황을 마주하게 되면 시작 전부터 미리 계산을 하게 됩니다. 그렇기 때문에 어른들에게 있어 아이의 순수함은 더 큰 의미를 지닙니다. 우리는 이미 세상의 많은 면을 보아 알고 있고, 삶의 복잡성을 풍부하게 체감해왔습니다. 그러니 지금의 우리에게 있어 순수함을 유지하려는 노력은 아이의 그것과는 또 다른, 내적 성장과 삶의 품격을 높일 수 있는 소중한 과정이 될 수 있습니다.

물론 중년은 어릴 때와는 달리 많은 책임과 현실적인 고민들을 안고 살아가야 하는 시기입니다. 그러나 그것이 순수함을 잃어버리는 이유가 되어서는 안 됩니다. 중년의 순수함은 세상의 복잡함과 대면하면서도 내면의 아름다움을 유지할 수 있는 하나의 방법론이라고 할 수 있습니다. 이성으로는 극복할 수 없는 삶의 어려움을 대하면서 세상을 조금 더 밝게 바라볼 수 있는 관점이기도 합니다.

우리가 순수한 눈과 귀로 이 세상을 바라보려는 태도는, 어쩌면 길다면 길고 짧다면 짧은 인생을 늘 새롭게 살기 위해 필요한 재능일지도 모릅니다. 경험의 무게에 짓눌리지 말고 늘 미지의 길을 걷는 마음으로 살아야 합니다. 순수하고 밝은 관점이 노년으로 나아가는 우리의 일상을 더 풍요롭고 감사한 삶으로 이끌어줄 것입니다.

# ● 시간 사용법

"시간은 인생의 동전이다. 시간은 당신이 가진 유일한 동전이고, 그 동전을 어디에 쓸지는 당신만이 결정할 수 있다. 당신 대신 타인이 그 동전을 써버리지 않도록 주의하라."

칼 샌드버그<sup>Carl Sandburg</sup>

고대 로마제국 시대의 스토아 철학자 중 한 사람이자 네로 황제의 스승으로 널리 알려진 정치가 세네카<sup>Seneca</sup>는, 현실을 근간으로 한 철학으로 실천력을 강조한 철학가입니다. 그가 남긴 많은 말들은 언제든 메모해두었다가 삶이 곤궁에 처할 때마다 초콜릿을 꺼내 먹듯 하나씩 꺼내어 되새기며 실천에 옮길 수 있다는 점이 좋습니다. 어렵고 복잡한 철학적 사유보다는 지금 당장 삶에 적용할 수 있다는 것이 그의 철학이 가지고 있는 매력입니다. 세네카가 이야기한 것 중 가장 널리 알려진 것은 '시간'에 관한 이야기입니다.

그는 시간은 우리 자신에게 '속한' 것들 중에서 유일한 존재라고 말합니다. 유일하다는 것은 단 하나밖에 없다는 뜻입니다. 우리는 외모, 성격, 가족, 친구, 다양한 물건 등 수많은 것들을 소유하고 있습니다. 하지만 이 중에서 과연 온전히 내 것이라고 할 만한 것은 무엇일까요? 어떤 분은 외모나 성격은 나에 대한 것이니 내 것이라 할 수 있지 않겠느냐고 물을 것입니다. 하지만 외모와 성격도 엄밀히 말하면 부모님께 물려받은 것입니다. 이렇게 하나둘씩 정리하다 보니 유일하게 남는 것은 시간입니다. 시간은 누구에게나 주어지는 것이지만 나에게 주어진 시간은 오롯이 나만의 것입니다. 시간이야말로 진짜 나의 삶에서 내 것이라고 말할 수 있는 유일한 것입니다. 그런데 우리는 이 시간을 어떻게 쓰고 있나요?

세네카는 우리가 물건이 아닌 시간에 사치를 부리고 있다고 말합니다. 나에게 주어진 시간이 유한하다는 것을 망각한 채 마구 낭비하고 있으니까요. 우리는 죽음이라는 유한한 시간 앞에 서 있는 존재들입니다. 죽음을 인식하는 순간, 삶의 무게는 한결 가벼워지고 어떻게 살아야 할지, 구체적으로 이 시간을 어떻게 보내야 할지가 보다 명료해집니다. 삶이라는 단어는 무겁고 막연하지만 이것을 순간의 단위인 시간으로 바꾸게 되면 구체적으로 다가오게 됩니다.

시간은 성별, 나이, 인종에 관계없이 전 인류에게 가장 공평하게 주어지는 것입니다. 하지만 우리는 대부분의 시간을 '근거 없는' 걱정과 '탐욕스러운' 욕심으로 허비하고 있습니다. 세네카는 사람들이 '자기 재산에는 주의를 기울이지만, 가장 욕심을 부려야 하는 일'에는 쉽게 시간을 낭비한다고 말입니다. 그리고 그가 말한 가장 욕심을 부려야 하는 일은, 어쩌면 나의 시간을 인식하고 잘 관리하는 것이 아닐까 합니다.

나에게 주어진 시간을 나는 얼마나 소중히 여기고 있는지 생각해보세요. 그리고 시간을 관리해보세요. 나는 어떤 시간대에 무엇을 하면 가장 효율이 높고 힘이 나는지 숙고해보고 매 순간을 잘 활용할 방법에 대해 차분히 정리해보아야 합니다.

철저한 시간 관리는 중년의 삶을 더욱 풍요롭게 만들 수 있는 열쇠입니다. 보통 이 시기에는 가족, 직장, 개인 취미 등 여러 가지 일들로 나의 역할과 책임이 많아집니다. 이럴 때일수록 세네카의 말처럼 가장 욕심을 부려야 하는 일은 시간을 관리하고 활용하는 것임을 잊지 말아야 합니다.

예로부터 동서양의 많은 철학자들이 시간을 잘 활용하고 의미 있는 활동에 집중하는 방법에 대해 고민했습니다. 중년의 시간 관리법에는 스스로에 대한 이해와 성장을 위한 시간을 확보하는 것, 그리고 여가 시간을 효과적으로 활용하는 것 등이 포함되어야 합니다. 더 풍요로운 삶을 만들기 위해서는 시간을 관리하는 자기만의 방법을 찾고, 이를 습관화해야 합니다. 미래를 위한 준비는 자신의 시간을 관리하는 일에서부터 시작된다는 것을 기억하세요.

"성공이란 결국 내가 하고 싶은 일을 할 시간을 갖는 사치를 누리는 것이다."

레온타인 프라이스 Leontyne Price

# ● 취향의 발견

'취향'의 사전적 의미는 '하고 싶은 마음이 생기는 방향 또는 그런 경향'을 말합니다. 신념이나 생각, 개성 등과 비슷한 의미를 내포하기도 하지만, 취향은 앞의 단어들에 비해 조금은 사소한 것, 가벼운 것, 일상적인 것들에 대한 호불호의 개념이 담겨 있습니다.

중년이 되면 사소한 취향거리들을 다양하게 만들어놓는 것이 좋습니다. 호기심 차원에서 관심만 두었던 분야를 하나씩 알아가며 나의 사소한 취향들을 쌓아가는 겁니다. 독서나 글쓰기뿐만이 아닙니다. 커피나 와인, 그림이나 음악, 고전문학, 시, 뮤지컬 등 평소 마음으로만 품었던 관심사를 꺼내어 아무도 모르게 살짝 발을 담가 보며 그 분야에 대한 지식이나 교양을 야금야금 쌓아갑니다. 그리고 알아가는 겁니다. 어떤 것이 나의 '취향'에 가장 잘 맞는지 말입니다. 자신의 취향을 알기 위해서는 약간의 공부도 필요합니다. 물론 전문가 수준의 높은 지식일 필요는 없습니다.

'1만 시간의 법칙'이라는 말이 대유행을 했던 시절이 있습니다. 이는 1993년 미국의 심리학자 앤더스 에릭슨Anders Ericsson이 발표한 논문에서 처음 등장한 개념이었는데요. 어떤 분야에서 전문가가 되려면 최소한 1만 시간 정도의 훈련이 필요하다는 이 법칙은 당시 선풍적인 인기를 끌었습니다. 1만 시간은 매일 3시간씩 투자할 경우 약 10년, 하루 10시간씩 훈련할 경우 3년이 걸리는 기간입니다. 그는 세계적인 바이올린 연주자와 아마추어 연주자 간의 실력 차이는 대부분 연주 시간에서 비롯된 것이고, 우수한 집단은 연습 시간이 1만 시간 이상이었다고 주장하며 '1만 시간의 법칙'을 정립했습니다. 하지만 이 1만 시간의 법칙은 전문가를 양성하는 데 걸리는 시간입니다. 우리가 취향과 취미를 갖는 일에 있어 그 정도의 부담은 느끼지 않아도 될 것입니다.

미국의 베스트셀러 작가인 조시 카우프만Josh Kaufman은 바쁜 일상의 사이사이, 틈새 시간을 활용해 가장 빠른 시간 내에 원하는 목표를 달성할 수 있도록 안내하는 '20시간의 법칙'을 고안했습니다. 그는 딱 20시간만 제대로 배우면 어떤 기술이든 충분히 마스터할 수 있다고 말하며, 중요한 것은 20시간을 '제대로' 활용하는 것이라고 했는데요. 20시간을 잘 활용하기 위한 사전 준비, 순서와 전략, 연습 진행법을 치밀하게 연구하고 조사한 후 스스로 요가, 우쿨렐레, 윈드서핑, 바둑에 적용한 사례들을 자신의 저서에 상세하게 담아냈습니다.

예를 들어 우쿨렐레의 경우, 아침에 눈을 떠서 허무하고 두려운 느낌이 들 때면 책 대신 '악기'를 꺼내고 그것을 연주하면서 마음의 안정을 찾을 만큼만 연주할 수 있으면 충분하고, 이를 위해 단 4개의 코드만 알면 충분히 연주할 수 있다는 것입니다. 그의 제안은 꽤 솔깃합니다. 왜냐하면 우리가 다양한 분야를 알고 싶어 하는 이유는 그 분야에서 대단한 성과를 얻기 위함이 아니라 나의 '취향'을 알아가기 위해서이기 때문입니다.

취향이 주는 다른 쏠쏠한 즐거움에는 무엇이 있을까요? 첫째, 한 분야를 알아가는 과정에서 지적 호기심을 충족시켜

줍니다. 멀리서 눈으로만 볼 때와는 다르게 지식을 내 것으로 만들고 그 분야에 대해 깊이 파고들수록 알게 되는 즐거움, 배움의 낭만을 느끼게 됩니다. 우리는 살면서 수많은 데이터를 접하게 되지만 그것이 전부 내 것이 되지는 않습니다. 데이터를 정보화하고 그것을 다시 내 삶에 직접 적용해봐야 진짜 나의 지식이 됩니다. 취향은 수많은 데이터들을 지식화하는 데 있어서 아주 좋은 도구가 됩니다.

둘째, 취향을 알아가면서 자신이 어떤 사람인지 조금씩 파악하게 됩니다. 자신의 취향을 적극적으로 드러내는 행위를 통해 스스로를 더 잘 알게 되고 몰랐던 관심사를 발견하게 되기도 합니다. 관심이 충족된다는 것은 능동적인 인간의 욕구이고, 욕구가 충족됨으로써 인간은 비로소 나는 어떤 사람인지 알게 되니까요. 자신의 취향을 드러냄을 주저하지 마십시오. 이는 곧 나란 사람의 정체성을 파악하는 도구로 활용될 것입니다.

셋째, 자신의 취향을 알아가며 비로소 스스로를 진정으로 사랑하게 됩니다. 흔히 '있는 그대로의 나를 사랑하라'는 말을 자주 듣게 됩니다. 그런데 막상 자기 자신이 어떤 사람인지, 자신에 대해 잘 모르는 사람들이 대부분입니다. 앞서 말했듯 취향을 통해 얻게 된 진짜 자신의 모습을 알아가면서 자신을 '있는 그대로' 사랑할 수 있게 됩니다.

넷째, 취향은 공동체의 응집력을 키워줄 뿐만 아니라 세대 간의 갈등과 혐오를 낮춰주는 효과가 있습니다. 제 지인 중에 BTS의 팬이 있습니다. 다소 늦은 나이에 '아미'가 된 그녀는 족히 스무 살에서 많게는 서른 살 차이가 나는 세대들과도 원활히 소통합니다. 다양한 세대와 접하는 기회를 자주 갖게 되면 그 자체만으로 이해와 공감의 기회가 됩니다. 게다가 취향이 담보되었기 때문에 그 어떤 공동체보다 멋진 응집력을 갖습니다.

취향이 분명한 사람은 '자기다움'을 아는 사람입니다. 자기다움을 아는 것만큼 아름답고 절실한 것은 없습니다. 스스로의 잠재력을 믿고 다양한 분야에서 사소한 취향들을 쌓아가 보세요. 그리고 내가 그것에 왜 끌리는지, 왜 관심을 갖게 되었는지 면밀히 살펴보면서 자기 자신을 좀 더 알아간다면, 우리의 '사소한 취향'은 더 이상 사소하지 않은, '위대한 취향'이 될 수 있습니다.

# 4장

# 중년의 삶은
# 태도로 결정된다

# ● 삶의 전성기를 향해

**"'당신의 전성기는 지났다'는 말은 절대 믿지 마세요."**

2023년 아카데미 여우주연상을 받은 배우 양자경의 수상 소감입니다. 앞에 '여성 여러분'이라는 말이 더 있었지만 비단 이 말은 여성에게만 국한된 메시지는 아닐 것입니다.

'전성기'는 형세나 세력 따위가 왕성한 시기를 말합니다. 개인으로 보면 재능과 능력이 가장 정점에 오른 시기이고, 한 사회나 국가를 예로 들면, 그 사회나 국가가 가장 활발한 문화, 역사, 예술, 과학 등의 분야에서 특출한 성과를 드러낸 시기를 일컫기도 합니다. 영어로는 'prime time', 'glory days', 'heyday', 즉 '최상의 시기', '가장 번성한 시기'라고도 합니다.

중년이 되면 주변에서 '좋은 시절 다 갔네'라는 말을 자주 듣게 됩니다. 분명 열심히 산 것 같은데 오십이 되어도 여전히 달라진 것은 없고, 그나마 자신 있었던 건강과 젊음마저 빼앗겼다는 생각이 듭니다. 지나온 시간을 반추하며 좋았던 그 시절을 그리워하기도 합니다. 그러나 우리는 중요한 사실을 잊고 있습니다. 중년의 시기야말로 본격적으로 나를 위해 제대로 살아볼 수 있는, 인생의 전성기를 맞이할 최고의 시기라는 것을 말입니다.

20, 30대 때에는 며칠 밤을 새워도 끄떡없는 체력이 모자란 경험을 대신했고, 웬만해선 꺾이지 않던 패기가 노련함 대신 부스터가 되어줬습니다. 중년이 되면 '젊음'이라는 갑옷도, '패기'라는 내피도 한 겹 벗겨집니다. 중년이야말로 순수하게 내 실력만으로 승부를 볼 수 있고 그 결과를 누릴 수 있는 시기입니다.

중년 이후의 삶이 전성기가 될 수밖에 없는 이유 중 하나는 내 시간이 많아졌다는 것입니다. 20, 30대 때는 가족을 위해, 사회적 관계를 위해 어쩔 수 없이 내 시간을 희생해야 했습니다. 하지만 중년이 되면 그런 시간들이 오로지 나를 위한 시간으로 집결됩니다. 다른 누구를 위해서가 아닌 나를 위한 시간을 더 많이 확보할 수 있게 됩니다. 그래서 내가 좋아하는 것, 내가 원하는 것, 내가 살고 싶은 삶에 대해 더 깊이 있게 생각할 수 있게 되고 내면 깊숙이 잠들어 있던 이야기들을 마구 꺼낼 수 있는 여유와 용기가 생깁니다. 이 과정에서 삶의 만족도가 더 높아지기도 하면서 진정한 인생의 전성기로 향하는 첫 발걸음을 내딛게 되는 겁니다.

앞서 양자경의 이야기로 돌아가 보겠습니다. 양자경은 중국계 말레이시아인 배우입니다. 1980~90년대 활약한 홍콩의 대표적인 액션 배우 중 한 사람이죠. 학창시절이나 젊은 시절, 한번쯤 그녀가 나온 액션 영화를 접해보지 못한 분은 아마 드물 겁니다. 그만큼 홍콩 배우로서 승승장구하던 그녀는 2000년대에 들어와 돌연 활동 무대를 옮깁니다. 미국에서 영화나 TV 드라마 시리즈에 도전하기 시작한 것입니다. 그렇게 그녀는 20, 30대와는 다른 모습으로 중년의 삶을 꾸려나갔습니다. 그리고 2010년대에 들어서면서부터 시작된 그녀의 활약은 다른 홍콩 배우들과는 확연히 다른 면모를 보여줬습니다. 그녀는 점점 자신의 배역을 늘려갔고 2023년에는 마침내 단독 주연을 맡은 할리우드 영화가 개봉해 흥행에 성공하기도 했습니다. 그녀의 나이 육십을 넘긴 시점에서요.

중년 이후에 인생 최고의 전성기를 구가하는 사람들은 쉽게 찾을 수 있습니다. 배우 중엔 콜린 퍼스와 로버트 다우니 주니어가 40대 이후의 작품으로 국민적 배우의 자리에 올랐으며, 역사적인 화가 클로드 모네는 젊은 시절 혹평받는 화가였다가 50대에 이르러 회화 역사상 이정표가 되는 작품들을 완성했습니다. 현대 경영학의 창시자인 피터 드러커Peter Ferdinand Drucker는 93세 때 기자로부터 "당신은 평생 직업만 7개가 넘었고, 교수로만 40년을 일했는데 언제가 전성기였나?"라는 질문을 받고 "열심히 저술 활동을 하던 60대 후반이었다"고 답했다고 합니다.

중년 이후에 삶의 전성기를 맞이하는 사람들에게는 공통된 특징이 있습니다. 이들은 모두 남다른 도전 의식이 있었습니다. 나이라는 틀에 자신을 가두지 않고, 새로운 분야와 창조적인 상황에 자신을 데려다 놓는 것을 멈추지 않았습니다. 그리고 건강하게 살았습니다. 자신의 몸을 정갈하게 하고 주변을 정리하며 신체와 정신을 건강하게 가꾸는 노력을 게을리 하지 않았습니다. 또 과한 행동과 지나친 자기혐오에 빠지지 않고 자기 자신을 좀 더 객관적으로 바라보면서 이른바 '탈脫꼰대'를 위해 노력했습니다.

중년 이후의 삶에서 전성기를 맞이하기 위해 제가 일상에서 실천하고 있는 습관을 나누고자 합니다. 바로 '회고'하는 시간을 갖는 것입니다. 회고回顧는 반성과는 다릅니다. 반성은 자신이 한 말과 행동을 돌아보고, 잘못이나 부족함이 없는지 살피는 과정입니다. 반성이라는 말에는 왠지 '꾸지람'이 함께 떠오릅니다. 괜히 위축도 됩니다. 반면 회고는 자신이 한 말과 행동을 돌아보면서 앞으로 나아가야 할 방향이나 개선해야 할 점을 짚어 보는 과정을 일컫습니다. 보다 진취적입니다.

예를 들어 한 달간 매일 운동을 하기로 계획하고 마지막 날 이를 회고한다고 해봅시다. 우선 30일간의 운동 기록을 보며 잘한 점과 부족했던 점을 살핀 후 다음 달에는 계획을 어떻게 수정하고 실천해나갈지 생각해보는 과정을 거칩니다. 30일 동안 며칠 운동을 했으며 하지 못한 날에는 어떤 사정과 특징이 있었는지 자세히 기록해보는 겁니다. 그리고 다음 달에는 100% 목표 달성을 위해 실천 가능한 목표를 세웁니다. 이때 운동 일수를 조정하거나 시간을 조절하는 등의 개선점을 생각하는 것이 바로 회고입니다. 이렇게 매달 혹은 분기별, 해마다 회고의 시간을 가지며 자신의 인생 계획을 수정하고 보완해나간다면 전성기는 매일 갱신될 것입니다.

인생의 전성기는 스스로 자기 삶의 의미를 찾고 그 안에서 진정한 '나'를 찾아가는 자기 만족감이 최고조에 이르는 시기입니다. 어제보다 오늘, 조금 더 나아졌다면 오늘이 인생에서의 전성기라 말할 수 있을 것입니다.

# ● 타인의 말을 듣는 여유

"왜 내 얘기를 끝까지 듣지 않는데!" 어느 날, 카페에서 책을 읽다가 큰소리에 놀라 고개를 들었습니다. 사건의 장본인인 어느 연인에게 이목이 집중되었습니다. 남자는 자신의 말을 듣지 않는 여자에게 몹시 화가 난 듯했습니다. 주변의 시선을 느낀 두 사람은 이내 자리를 떴지만 제 머릿속에서 그의 외침은 쉽사리 지워지지 않았습니다.

'경청傾聽'은 타인의 말을 '잘' 듣는 것을 말합니다. 사전에는 '귀 기울여 들음'이라고 명시되어 있습니다. '귀 기울여 듣는다'는 것은 어떤 의미일까요? 저는 두 가지로 해석해보았습니다.

첫째, 끝까지 듣는 것입니다. 누군가와 대화할 때 상대방의 말에 공감할 수 없다면 자기도 모르게 중간 중간 상대의 말을 끊게 됩니다. 그렇게 되면 상대방은 자신의 의견이 무시당했다거나 거부당했다고 여겨져 더 크게 볼멘소리로 말하게 됩니다. 이 과정에서 자연스럽게 서로의 목소리는 더욱 커질 수밖에 없습니다.

두 번째 '귀 기울여 듣는다는 것'은 설사 상대의 생각이 내 생각과 같지 않고, 공감하지 못하는 이야기일지라도 한 번쯤 그 사람의 입장에서 생각해보려는 의지입니다. 자신과 다른 의견일지라도 주의 깊게 들어주면서 그의 생각을 수렴할 수 있을 때까지 기다리는 미덕을 포함합니다.

'대화의 신'이라 불리는 래리 킹과 '토크쇼의 여왕' 오프라 윈프리의 성공적인 대화의 비결이 경청과 진실한 대화라는 사실은 이미 많은 분들이 알고 계실 겁니다. 그들은 말을 잘하기 이전에 상대방의 말을 잘 들어줌으로써 속에 담아둔 깊은 이야기까지 끌어내는 것으로 유명합니다.

《무례함의 비용》[24]이라는 책에서는 뛰어난 성취를 이룬 사람들의 공통점으로 '정중함'을 내세웁니다. 책은 제목에서 드러내듯 무례함은 곧 경제적인 손실로 이어진다는 메시지를 전합니다. 그리고 좀 더 현실적인 측면에서 경청의 중요성을 다룹니다. 예를 들어, 경청하지 않는 회사는 직원을 잃게 됩니다. 상사가 자신의 말을 들어주지 않는다고 생각하는 직원은 발전적인 제안을 내놓을 가능성이 확연히 낮아집니다. 이것은 어느 정도 상식적인 일입니다. 그런데 문제는 이렇듯 자신의 말을 귀 담아 듣지 않는 상사 밑에 있는 직원은 일종의 '감정적 소진 상태'에 빠질 확률이 높다는 것입니다. 그리고 이는 곧 이직 확률과 높은 연관성이 있다고 책에서는 밝히고 있습니다. 결국 경청하지 않으면 회사가 손해를 입는다는 것이 사실로 확인되는 셈입니다.

그렇다면 우리의 일상생활에서 경청 능력은 얼마나 중요할까요? 얼마 전부터 문해력이 사회 여러 분야에서 화두로 떠올랐습니다. 문해력은 단순히 글을 읽고 이해하고 표현하는 행위를 넘어서는 능력입니다. 그리고 이제는 문해력을 다루는 영역이 타인과 사회, 자기 자신을 이해하는 마음과 감정,

**24**    참고 도서: 크리스틴 포래스, 《무례함의 비용》, 정태영 옮김, 흐름출판, 2018

문화의 영역으로까지 확대되고 있습니다.

문해력의 시작은 읽는 행위, 즉 독서라고 생각하는 분들이 많습니다. 하지만 진정한 문해력의 시작은 타인의 말(글)을 '끝까지 잘 듣는 힘'인 경청에 있습니다. 책을 읽는 것도 작가라는 타자가 쓴 글을 '듣는' 일종의 행위라고 할 수 있습니다. 작가의 생각과 감정이 '글'로 표현되었을 뿐입니다.

문해력을 발달시키기 위해서는 타인의 말과 글을 잘 '듣는' 것부터 훈련해야 합니다. 듣기가 잘 되어야 말하기가 되고, 말하기가 잘 되어야 쓰기가 됩니다. 그리고 우리는 이런 총체적인 과정을 '문해력'이라고 부릅니다.

타인의 이야기에 귀 기울일 줄 모르는 사람은 아무리 많은 책을 읽어도 문해력이 향상되지 않습니다. 일 년에 수백 권의 책을 읽어도 성장하지 않는 사람, 변화하지 않는 사람이 존재하는 진짜 이유는 바로 제대로 듣지 않기 때문입니다.

가장 간단하고 쉬운 경청의 방법으로 '몰입'을 권합니다. 앞으로 누군가와 대화를 할 때에는 잠시 스마트폰을 멀리 두고 온전히 상대의 이야기에 집중해보세요. 이야기를 들으며 내가 할 다음 말을 생각하지 말고, 그 사람의 이야기에 온 마음을 다해 귀 기울이는 것입니다. 그렇게 투자한 시간과 적극적인 대화의 결과는 아마 더 큰 이익으로 당신에게 돌아올 것입니다.

경청은 연습을 통해 향상되는 일종의 '기술'입니다. 대화에 몰입하기, 상대방의 감정에 공감하려고 노력하기, 급하게 대답하기보다 이야기를 끝까지 집중해서 듣기 등과 같이 경청을 위한 좋은 습관을 기르고 지속적으로 발전시키려는 노력이 중요합니다.

"경청하고 대답을 잘 해주는 것은 대화의 예술에서 인간이 다다를 수 있는 최고의 경지이다."

프랑수아 드 라 로슈푸코 Francois de La Rochefoucauld

# ● 중년의 우아함

**"중년의 진정한 우아함은 말에서 나옵니다."**

한 인문학 특강 시간에 한 말입니다. 20, 30대에는 화려한 옷과 액세서리로 자신을 포장할 수 있습니다. 하지만 중년이 되면 그마저도 쉽지 않습니다. 어느 순간 생각지도 않게 튀어나오는 뱃살과 슬슬 존재를 드러내는 주름들은, 미처 '포장'할 틈을 주지 않고 '날 것' 그대로의 나를 드러나게 합니다. 애초에 대단한 무엇을 보여주고자 하는 마음도 없었지만 그렇다고 맨 얼굴(몸)을 그대로 드러내는 것은 나를 너무 초라

하게 만들기도 합니다. 품위 있으면서도 단단해보이고, 예리하면서도 다정다감한 사람으로 보이고 싶습니다. 문득 그런 삶은 과연 어떤 삶일까 생각하다 소설가 김훈이 《자전거여행 2》에서 언급한 대나무에 대해 생각해봅니다. 대나무는 일정한 기간 자라고 나면 더 이상 두꺼워지지 않고 단단해진다고 합니다. 단단하고 쭉 뻗은 '대나무'와 같은 모습일까요?

'품위 있으면서도 단단해보이고 예리하면서도 다정다감한 상태.' 제가 정의한 중년의 아름다움을 표현한 이 문장을 의미하는 단어를 찾고 싶었습니다. 사전을 보다 문득 한 단어에 마음이 끌립니다. 바로 '우아함'입니다. '우아하다'라는 말에는 여러 가지 의미가 있겠지만, '너무 가볍지도 너무 무겁지도 않은 균형과 절제의 미를 두루 갖춘 태도'라고 제 방식대로 정의해봅니다. 그런 '중년의 우아함'을 갖고 싶습니다. 그럼 무엇부터 해야 할까 고민하던 중에 마침 TV 드라마에 나온 한 중년 여배우의 말투가 귀에 꽂힙니다. 유심히 관찰해보니 그녀의 말에서 묻어나는 우아함이 예사롭지 않습니다. 화려한 옷을 입지 않아도, 현란한 액세서리로 치장하지 않아도 그녀의 말 몇 마디가 그녀 자신과 삶을 고스란히 보여주는 것 같았습니다.

말의 힘에 대해 언급한 고대 그리스의 철학자 소크라테스는 여러 자리에서 말의 중요성에 대해 강조했습니다. 말은 자신을 표현하는 수단이기도 하지만, 그 자체로 스스로에게 영향력을 미친다고 합니다. 그래서 말을 하기 전에는 반드시 그 말이 나에게 힘이 될 수 있는지 신중하게 숙고하라는 것입니다. 이 조언은 우리에게 굉장히 중요한 시사점을 던집니다. 우리는 단순히 내가 뱉은 말은 타인을 향한 것이라고 여깁니다. 하지만 소크라테스는 우리가 하는 말은 타인뿐만 아니라 자기 자신에게도 막대한 영향을 주고, 그 말을 통해 자기 스스로가 어떤 사람인지도 알게 해준다고 말합니다. 그의 말 '너 자신을 알라'라는 제언과도 일맥상통하는 이야기입니다.

소크라테스는, 우리는 항상 언어를 통해 살아가고 우리가 선택한 말과 언어가 우리가 세상을 이해하고 살아가는 방식을 결정하고 형성하는 데 큰 역할을 한다고 했습니다. 자신이 한 말에 대한 겸손한 자세와 태도를 유지하고 모든 것을 안다는 생각을 거부하며 항상 타인과의 대화와 논의를 통해 새로운 지식을 얻으려고 노력하는 태도를 유지해야 한다고 강조했습니다.

어느 세대에게나 내뱉는 말은 중요하지만, 중년에게는

특히 더 그러합니다.

우아한 사람이 되기 위해서는 우선 말을 줄여야 합니다. 자신이 아는 지식이 전부인 양 떠드는 사람은 아름답지 못합니다. 타인의 이야기를 끝까지 듣지 않는 사람은 겸손하지 못합니다. 타인과의 대화를 통해 새로운 지식을 얻지 못하는 사람은 고립과 결핍을 갖게 됩니다.

중년의 말은 우아해야 합니다. 그런데 이런 말을 들으면 대부분의 사람들은, 나도 그러고 싶지만 나이를 먹으니 어휘력도 부족하고 순간적으로 어떤 단어를 써야 할지 잘 떠오르지도 않는다고 호소합니다. 하지만 솔직히 말하자면 이것은 자신의 말과 태도를 바꾸고 싶다는 열망과 노력이 부족할 뿐 나이 탓이 아닙니다.

미국 시애틀에서 한 연구진이 약 6천 명의 20~90대 성인을 대상으로 어떤 실험을 했습니다. 어휘력, 단어 기억력, 계산력, 공간 정향력, 지각-반응속도, 귀납 추리력의 총 여섯 항목에 대해 인지능력 검사를 실시했습니다. 이 중 어휘력 측정에서는 얼마나 많은 단어를 이해하며 그것과 비슷한 동의어를 얼마나 많이 아는지를 살펴보았습니다.

실험 결과, 반응 속도와 계산력 부문에서는 대부분 25세에 정점에 이르렀다가 나이가 들수록 가파르게 떨어지는 현상을 보였습니다. 하지만 어휘력, 공간 정향력, 단어 기억력, 귀납 추리력은 50대까지도 완만하게 증가하는 경향을 보였습니다. 특히 이 네 항목에 대해 참가자 대부분은 20대 때의 수치보다 45~60세, 흔히 '중년'이라고 여기는 시기에 더 높은 점수를 기록했습니다. 청년기 이후 중년에도 여러 인지 능력이 계속해서 발달할 수 있음을 보여주는 결과입니다. 실험 책임자인 셰리 윌리스 박사는, '중년의 뇌'는 퇴화 중인 것이 아니라 활발하게 기능하고 여전히 좋아질 가능성을 가지고 있다고 말했습니다.

어찌 보면 신체보다 빠르게 늙는 것은 정신일지도 모릅니다. '이 나이에 뭘 배워', '먹고 살기도 바쁜데 우아는 무슨 우아…', '얼굴에 주름이 자글자글한데 말만 예쁘게 한다고 되겠어'와 같은 말들이 정신을 지배하면, 건강하고 팔팔하던 신체마저 힘을 잃고 쇠약해질 것입니다. 자신에게 힘이 나는 말, 아름다운 말을 해주세요. 우아한 삶은 거기서부터 시작될 것입니다.

# ● 나 자신으로 살아가는 법

　"온전히 자기 자신으로 살 수 있는 방법은 무엇일까요?"
이 같은 질문에 선뜻 명쾌한 답변을 내놓을 수 있는 사람은
많지 않을 것입니다. 나의 삶이고 인생이건만 우리는 이 같은
문제에 대해 진지하게 생각하지 않습니다. 타인의 일상과 삶
은 세세히 참견하고 의견을 말하면서, 정작 자신의 삶을 살피
고 말하는 일에는 크게 관심을 두지 않습니다. 일상의 관성대
로 살뿐입니다

　온전히 자신을 자각하고 스스로의 의지대로 살아가기
위해서는 우선 삶의 주도권이 나에게 있어야 합니다. 당연

한 이야기 같지만 오롯이 자신의 선택과 결정만으로 사는 일은 생각보다 어렵고 많지도 않습니다. 삶의 주도권을 자신에게 끌어오기 위한 방법으로는 여러 가지가 있겠지만 무엇보다 우선시해야 할 것은 자기에게 주어진 시간을 '인식'하는 일입니다. 그리고 그 시간을 운용하고 관리해야 합니다. 시간을 관리할 때 우리는 삶의 주도성을 느끼게 됩니다. 시간은 모든 인간에게 공평하게 주어지는 유일한 것이고, 동시에 내가 통제할 수 있는 '나의 것'이기 때문입니다.

　나이가 들어갈수록 시간이 빠르다고 느낍니다. 시간의 소중함을 체감하면서도 막상 그것을 잘 활용하고 관리하는 일에는 게으릅니다. '세월이 참 빠르네'라는 말을 입에 달고 살면서도 우리는 많은 시간을 그대로 흘려버리며 살아갑니다. 미국의 시인 칼 샌드버그Carl Sandburg는 "시간은 인생의 동전이다. 시간은 네가 가진 유일한 동전이고, 그 동전을 어디에 쓸지는 너만이 결정할 수 있다"고 했습니다. 그러니 다른 사람이 그 동전을 써버리지 않도록 주의하라고 덧붙입니다.

　자신의 시간을 스스로 통제해보세요. 많아진 시간 사이에서 방황하는 중년도 적지 않습니다. 끝날 기미가 보이지 않았던 육아도, 매일이 지옥 같았던 출근길도, 사랑하는 사람과의 이별의 시간도 결국 그 끝이 보입니다.

우리는 보통 스스로 통제할 수 있는 일이 아닌, 통제할 수 없는 일에 더 마음을 주고 많은 에너지를 씁니다. 타고난 외모나 집안 환경, 형제나 자매 때문에 안달복달하면서 시간을 낭비하지 말고, 나에게 주어진 것들에 감사하고 보듬으며 살아야 합니다.

고대 그리스의 철학자 에픽테토스Epictetus는 노예로 태어났습니다. 게다가 절름발이 불구의 몸이었습니다. 하지만 그는 특별히 영리했습니다. 일찍이 그의 재능을 알아본 주인은 그를 스토아 철학자에게 보내 가르침을 받게 했습니다. 훗날 로마 황제의 추방령에 의해 모든 철학자들이 로마를 떠날 때, 에픽테토스는 그리스의 니코폴리스로 이주하여 노년까지 철학을 가르치게 됩니다. 평생 독신으로 살며 무소유를 실천한 그는 책 한 권 남기지 않았습니다. 하지만 그의 제자이자 역사가인 아리아노스Arrianos가 스승의 말을 정성껏 기록했고 그 일부가 오늘날《담화록》으로 전해지고 있습니다.

에픽테토스는, 세상에는 자신이 통제할 수 있는 일과 통제할 수 없는 일이 있는데 머릿속에 떠오르는 생각과 마음의 충동, 욕망, 혐오는 자신이 마음먹기에 달려 있으므로 통제할 수 있지만, 건강이나 재산, 명성, 권력은 자신이 마음먹은 대로 되지 않는 것이므로 스스로 통제할 수 없다고 말했습니다. 더불어 자신이 통제할 수 있는 것은 본래 자유롭고 제한이 없으며 아무런 방해도 받지 않지만, 통제할 수 없는 것은 약하고 종속적이며 제약을 받는다고 했습니다. 시간이 그렇습니다. 그 '자유'로운 시간을 관리하고 활용하는 것은 온전히 '나'의 힘입니다.

시간은 우리에게 서서히 다가오는 것이 아니라 어느 날 갑자기 '선뜻' 다가옵니다. 그러니 미리 시간을 쓰는 방법을 고심하고 몸에 익히도록 노력해야 합니다. 하고 싶지 않은 일에는 과감히 마음을 내려놓고, 나의 시간과 에너지를 빼앗는 관계에게는 뒤도 돌아보지 말고 이별을 고하십시오.

자신의 하루를 시간별로 서술해보면서 내가 하고 싶은 일에 더 많은 시간을 할애할 수 있도록 일정을 관리해야 합니다. 하고 싶지 않거나 필요 없는 일은 과감히 버리거나 포기하는 마음가짐 역시 중요합니다. 우리는 의외로 자주 불필요한 활동에 시간을 낭비하고는 합니다. 그다지 재미있지도 않은 프로그램을 아무 생각 없이 보고 있다거나 웹서핑을 하면서 머릿속으로는 딴생각을 하는 것도 시간 낭비입니다. 이런

*183*

때에는 자신에게 과감하게 질문을 던져보아야 합니다. "지금 이 일이 귀중한 나의 시간과 에너지를 쓸 만한 가치가 있는가?" 하고요. 만약 그렇지 않다면, 그 일을 과감하게 그만둘 용기와 결단력을 가져야 합니다. 자신이 통제할 수 없는 것에 귀한 '마음의 시간'을 허비하지 말라는 것입니다. 그렇게 시간을 관리하고 통제하면서 얻게 되는 자기 조절감이 당신에게 내적 자유를 주고 주체적인 삶을 살 수 있도록 도와줄 것입니다.

# ● 타인을 대하는 태도

　　중년에 찾아오는 허망의 가장 큰 요인은 아마 사람일 것입니다. 사람에 대한 실망, 괴로움, 그리고 공포가 관계의 허무를 넘어 삶의 허망으로 이어지기도 하니까요. 믿었던 사람에게 상처를 받기도 하고, 마음을 나누었던 사람에게 서운함을 느끼게 되는 시기가 바로 중년이라 불리는 이맘때입니다.

　　중년에 이런 감정을 느끼게 되는 이유는 무엇일까요? 20, 30대 때에도 분명 타인에게 상처받거나 서운함을 느끼며 살았을 겁니다. 하지만 그때는 며칠 밤 자고 일어나면 쉽게 서운한 감정이 사라지기도 하고, '아 이 사람은 나와 잘 맞지 않는구나'라고 생각되면 거리를 두거나 과감하게 관계를 끊을 수 있었습니다. 그런데 중년이 되니 그것이 쉽지 않습니다. 중년까지 이어온 인연이라면 서로에게 더 소중하고 애착이 가는 특별한 관계일 가능성이 매우 높기 때문입니다. 인생의 중반까지 함께하면서 희로애락을 공유한 사람들이기에 더욱 그러합니다. 함께 보낸 세월만큼 서로에 대한 '라포Rapport', 즉 관계적 신뢰도 형성되었을 것입니다. 이런 과정에서 서로가 서로에게 누구보다 힘이 되는 관계라고 '굳건히' 여겼을 겁니다. 그래서 중년에는 친구나 가까운 지인의 작은 말이나 행동이 더욱 크게 다가오기도 합니다. 그렇기에 중년 이후에 타인을 대하는 태도는 분명 달라져야 합니다. 쉽게 관계를 끊을 수도 없고, 질질 끌려 다닐 수도 없으니까요.

저는 중년 이후의 삶에서 타인을 대하는 태도에는 극진함이 있어야 생각합니다. 극진하다는 것은 '어떤 대상에 대하여 정성을 다하는 태도'입니다. 그리고 정성을 다하는 태도 중 하나로 '환대'를 제안해봅니다.

환대는 '반갑게 맞아 정성껏 후하게 대접하다'라는 뜻입니다. 환대에는 주인과 손님의 관계가 내재되어 있습니다. 타자를 맞이하는 사람인 주인과 맞이함을 당하는 타자 즉, 손님의 관계가 성립됩니다. 누군가를 환대한다는 것은 그(손님)에게 나의 시간과 공간을 내어주고, 그(손님)를 인정한다는 의미입니다. 예를 들어 나의 집에 누군가를 초대했다고 가정해봅시다. 오는 손님을 극진하게 대접하기 위해 우리는 정성껏 음식을 준비하고 집 안을 두루 정리합니다. 손님이 나의 집에 머무는 시간에 불편함을 느끼지 않고, 머무는 공간이 편안하도록 말입니다. 이것이 우리가 일상에서 하고 있는 환대입니다.

그렇다면 단순히 집 안을 정리하고, 음식을 준비하는 것만이 타인을 대하는 극진한 태도라고 봐야 할까요? 이 이야기를 하자면 좀 더 깊이 있는 환대의 의미를 살펴봐야 합니다.

누군가를 환대한다는 것은 단순히 음식을 차리고 집을 청소하는 일에 그치지 않습니다. 환대는 상대를 '나의 공간'으로 들어오게 하는 것, 그를 향한 적대를 거두어들이고 그에게 내 공간으로의 접근을 허락한다는 의미[25]입니다. 즉 환대란 타인의 존재에 대한 인정이며 그 표현으로써 그에게 자리를

---

[25] 참고 도서: 김형경, 《사람, 장소, 환대》, 문학과 지성사, 2022

마련해주는 것을 뜻합니다.

독일의 철학자 칸트Immanuel Kant와 프랑스 철학자 데리다 Jacques Derrida는 '환대'에 대해 조금은 다른 생각을 가지고 있습니다.

칸트가 말하는 환대는 조건적입니다. 이방인이 우리 영토(공간)에 들어왔을 때 평화적으로 행동하는 한, 그들을 환대해야 하는 것이 그의 생각입니다. 단, 여기서 전제 조건은 '평화적으로' 행동했을 경우입니다. 이방인에게 환영받을 권리를 부여하면서 동시에 이방인이 도착한 곳의 주인에게 역시 이방인을 거부할 수 있는 권리가 주어집니다. '제한적인 환대'입니다.

칸트는 환대는 단순한 자선의 의미가 아닌 '모든 인간에게 주어지는' 하나의 권리라고 여겼습니다. 사람들이 지구 표면을 공동으로 소유할 보편적인 환대의 권리를 가지고 있고, 이를 위해 이방인이 억압받지 않고 주인과의 적당한 거리를 유지하는 선에서 방문하고 교역하는 것을 '환대'라고 일컬었습니다.

반면 데리다가 말하는 환대는 '새로 도착한 이들에게 이름도 물어보지 않고 보상도 요구하지 않으며 아주 작은 조건의 충복도 요구하지 않은 채 집을 제공하는 무조건적인 대접을 말합니다. 하지만 이런 환대는 개인이 실천할 수 없는 것입니다. 이상적인 환대라고 말할 수 있지요. 그리하여 데리다는 타인과의 관계에서 무조건적인 환대는 불가능하다고 말합니다.

두 철학자의 환대에 대한 생각을 통해 타인과의 관계 맺음에 대해 생각해보게 됩니다. 어떤 환대가 현실적이고, 어떤 환대가 이상적이냐 따지기보다는, 일상생활에서 '환대'의 개념을 실천할 수 있는 방안은 무엇이 있을까 생각해봅니다.

칸트와 데리다가 공통적으로 말하는 것은, 주인으로서 내 시간과 공간을 타자 즉, 손님에게 기꺼이 내어주고 그 시간과 공간에 있는 타자를 인정해주는 것이 진정한 환대라는 것입니다. 이처럼 누군가를 대하는 일은 자신의 시간과 공간을 내어주는 것과 관련이 있습니다. 그 사람이 '어디에 사는지', '무엇을 하는 사람인지', 다시 말해 그 사람의 조건을 묻기보다는, 우선 그의 이야기를 잘 들어주고 그가 필요로 하는 것을 정성껏 준비해주는 마음가짐이 필요합니다.

지금 이 시대에 누군가를 환대하는 마음으로 대하는 것은 결코 쉬운 일이 아닐 것입니다. 타인을 어떻게 대해야 할

189

지 고민이 된다면 우선 상대방에 대한 조건을 따지기보다 자신의 마음가짐부터 점검하는 습관을 길러 보세요. 편견과 고정관념이라는 거리감을 버리고 그 사람을 내 시간과 공간에 받아들이겠다는 환대의 마음가짐이 필요한 때인 것 같습니다.

# ● 위대한 유산

**"당신은 자녀에게 무엇을 물려주고 싶나요?"**

한때 이른바 '금수저 논란'으로 온 나라가 뜨거웠습니다. 여전히 그 열기는 식을 줄 모릅니다. 아마도 이 화두는 평생 우리를 괴롭히는 문제 중 하나겠지요? 자녀가 성인이 되면 슬슬 걱정이 시작됩니다. 이 아이를 위해 나는 과연 무엇을 물려줄 것인가 은근히 고민하게 됩니다.

찰스 디킨스의 소설《위대한 유산》은 영국 신사계층에 대한 신랄한 풍자와 비판을 담고 있는 소설이자, 주인공 '핍'

의 성장 과정을 담은 성장 소설이기도 합니다. 핍은 부모님이 돌아가신 후 누나, 매형과 함께 살게 됩니다. 그러던 어느 날 엄청난 유산을 받게 되어 런던에서 신사가 되기 위해 필요한 상류층의 예절 교육을 받게 됩니다. 그러면서 대장장이이자 자신의 유일한 벗이고 형제였던 매형 '조'와는 전혀 다른 세계의 사람들과 만나게 됩니다. 그러던 어느 날 조가 도시에서 교육을 받고 있는 핍을 찾아오게 되고, 핍은 그토록 따르고 친했던 매형을 창피해하면서 무시합니다. 하지만 결국 자신에게 유산을 물려주고, 신사 교육을 받게 한 사람이 죄수였다는 사실을 알게 되면서 스스로의 속물 근성에 몸서리치게 되지요.

원서 제목인 'Great Expectations'는, '막대한 유산'이라는 의미에 가깝다는 것이 비평가들의 해설입니다. 한글로 번역 출간되는 과정에서 '막대한 유산'보다 '위대한 유산'이라는 말이 더 설득력이 있다고 여겨져 한국에서는 위대한 유산이라는 제목으로 출간되었습니다.

이 소설에서 단연 돋보이는 인물은 매형인 조입니다. 그는 자신의 위치에서 책임과 역할을 다하는 믿음직한 어른으로 등장합니다. 진정한 '신사'라고 할 수 있지요. 자신을 부끄러워하는 핍의 무례에도 그는 의연하게 대처합니다. 그리고 다시 고향으로 돌아온 핍을 반갑게 맞이하며 사랑으로 감싸 줍니다. 성숙하고 멋있는 어른의 모습이 그대로 담긴 인물이라고 할 수 있습니다.

> '진실한 사랑이 뭔지 아느냐? 그건 맹목적인 헌신이며, 무조건적인 복종이며 한없는 겸손이고 무한한 신뢰다. 네 자신과 온 세상을 저버릴 만큼의 신뢰. 너의 온 마음을 바치는 것이다.'[26]

자녀에게 물려주어야 할 것은 이렇듯 상황이 변하고 시간이 지나도 변치 않는 그 무엇이 되어야 하지 않을까 생각하게 됩니다. 그리고 나는 과연 자녀에게 무엇을 남길 수 있을지 돌아보는 계기가 되었습니다.

저는 올해부터 '성인이 된 자녀에게 물려주고 싶은 책 100권'을 선정하는 작업을 하고 있습니다. 올해 아이는 성인

---

[26]　찰스 디킨스, 《위대한 유산》, 북로드, 2015

이 되었습니다. 부모의 보살핌에서 벗어난 공식적인 '한 인간'이 되었지요. 앞으로 상상을 초월하는 다양한 일들이 그 아이의 앞에 펼쳐질 것입니다. 몸이 아프고 마음이 상하는 일들도 수없이 생기겠지요. 우리도 그랬으니까요.

시시때때로 부모에게 벌리던 손도 이제는 거두어야 할 때입니다. 본인 역시 직감할 것입니다. 부모도 성인이 된 자녀에게 섣불리 도움의 손길을 뻗을 수는 없습니다. 자녀를 위해서 그리고 부모 자신을 위해서입니다. 대신 아이가 앞으로 직면하게 될 현란한 현실 속에서 마음을 지탱해줄 무언가를 남겨주고 싶습니다. 그리고 저는 고민 끝에 제가 인생에서 위기의 순간 도움을 받았던 책들을 아이에게 전하기로 했습니다. 책의 첫 장에는 간단하게 메모를 남겨둘 예정입니다. 인생에서 이 책이 필요한 시기와 가장 인상적인 한 문장입니다. 예를 들면 '사랑 때문에 괴로울 때는 에리히 프롬의《사랑의 기술》을 읽을 것', 그 안에는 '너의 사랑에 대한 여러 이해들이 있을 것이다'라고요.

두 번째 자녀에게 남겨주고 싶은 것은 나의 생각과 이야기를 담은 기록입니다. 정세랑 작가의 소설《시선으로부터》의 주인공 심시선은 저술가이자 예술가입니다. 소설의 주된 내용은 주인공 심시선의 추모 10주기에 모인 가족들이 하와이로 떠나면서 그녀를 새롭게 기억하고 회고하게 되는 이야기입니다. 가족들은 각자의 방식대로 심시선을 기억하고 회상합니다. 그때 기억의 단초가 되는 것은 바로 그녀가 남긴 수많은 기록들입니다. 여러 매체에 글과 영상으로 기록된 그녀의 예술가로서의 다양한 생각이나 가치관을 통해, 가족들은 그녀를 추모하고 기억하고 회고합니다. 이렇듯 기록은 시간이 지나도 영원히 남아 한 사람을 기억하게 합니다.

어느 날 글쓰기 수업에서 고인이 된 남편에 대해 기록하고 싶어 하는 아내 분을 만났습니다. 갑자기 사고로 남편을 잃게 된 그녀는 다정했던 그의 모습을 오래 기억하기 위해 글을 쓰고 싶다고 했습니다. 더불어 할아버지의 모습을 제대로 기억하지 못하는 어린 손자들에게, 할아버지가 손자들을 얼마나 사랑했는지 꼭 알려주고 싶어 글을 쓰고자 한다고 말했습니다. 기록은 그런 매력이 있습니다. 내가 이 세상에서 사라지더라도 누군가 나를 오래 기억하게 하는 힘이 있습니다. 내가 소소하게 남긴 모든 기록들이 훗날 이런 가치를 발한다면 그것만큼 서로에게 좋은 '유산'은 없을 것입니다.

미국의 '정신적 스승'이라 불리는 랍비 스티브 레더Steve

Leder는 《나의 인생이 당신의 지혜가 된다면》[27]에서 35년 동안 랍비로 살면서 1천 번이 넘는 장례를 주관하고 1천 번이 넘는 추도문을 낭독하며 깨달은 것이 있다고 고백합니다. 바로 기록의 중요성입니다. 정확히는 '유언 편지'를 남기라고 강조하고 있습니다. 그는 수많은 죽음을 가까이에서 지켜보며 우리가 이 세상을 떠났을 때 남겨진 사랑하는 사람들에게 필요한 것은 물질적인 것이 아니라 떠난 이가 남긴 '이야기들', 즉 정신적 자산임을 알게 됐다고 합니다. 그리고 사랑하는 이들을 위해 아프기 전에, 건강할 때 미리 많은 이야기를 유산으로 남겨둘 것을 권합니다.

'우리는 이야기의 결합체이다. 상처에 대한 이야기, 어렵게 얻은 지혜에 대한 이야기, 웃긴 이야기, 기쁨, 고통, 치유, 실패, 사랑에 관한 이야기로 구성되어 있다. 우리 이야기 안에는 우리가 사랑하는 이들이 배우고 품고 살아가야 할 많은 것들이 있다. 우리의 이야기는 말로 이루

---

27    스티브 레더, 《나의 인생이 당신의 지혜가 된다면》, 김태연 옮김, 토네이도, 2023

어져 있다. 말은 우리가 세상을 떠났을 때 남길 수 있는 가장 실제적이며 중요한 유산이다.'

또 한 가지 제가 자녀에게 남겨주고 싶은 것은 온화하고 평온한 말과 태도입니다. 중년이 되니 20, 30대와는 달리 목소리가 커지고 말이 많아집니다. 젊은 시절 '나는 나이 들어도 저러지 말아야지' 다짐했던 말과 행동을 지금 내가 하고 있다는 사실을 문득 자각할 때 소스라치게 놀라고는 합니다. 그렇게 될까 두려워 조심하며 살았는데도 사람은 어쩔 수 없나 봅니다. 그러다 문득 '만약 내 아이가 이런 모습으로 나를 기억하면 어쩌지' 하는 데까지 생각이 미치게 되면 금세 두려워져서 말과 행동을 가다듬게 됩니다.

철학자 하이데거는, 인간은 자신이 유한한 존재임을 직시하게 되는 순간, 즉 생명의 유한성을 직면하게 될 때 비로소 생을 바라보는 자세와 태도가 달라진다고 말했습니다. 인간의 삶은 유한합니다. 어쩌면 오늘 이 순간이 내 인생의 마지막이 될 수도 있습니다. 이런 생각을 하게 되면 그동안 했던 작은 실수들뿐만 아니라 여러 크고 작은 일들을 후회하게 됩니다. 그러고는 오늘부터라도 좋은 태도를 가져야겠다고 다짐합니다.

제일 먼저 할 수 있는 일은 말투를 바꾸는 것입니다. 말은 그 사람을 드러내는 가장 쉽고 빠른 태도입니다. 그만큼 영향력이 강한 수단이기에, 말투만 바꿔도 그 사람이 달라 보입니다. 빠른 속도로 말하는 사람은 지금보다 조금 의식적으로 느리게 말해봅시다. 온화하고 평온한 말투는 빠르지 않습니다. 발음은 스스로 생각하는 것보다 훨씬 더 정확하게 구사하려고 노력해야 합니다. 부정확한 발음은 의도치 않게 나를 불투명한 사람으로 만듭니다. 그리고 가급적 말은 적게 합니다. 중년에는 본의 아니게 말이 많아집니다. 살아온 세월만큼 겪어온 일도 경험도 많아서 들려주고 싶은 것이 많겠지만, 듣는 이가 원치 않는다면 그 또한 필요 없는 말일뿐입니다.

말은 아낄수록 좋습니다. 자신의 이야기를 하는 데 급급하거나 대화를 주도하려 하기보다는, 상대의 말을 경청하고 온화한 말투로 반응해주는 것이 오히려 상대로 하여금 더 많은 것을 깨닫게 할 것입니다.

아직 몸과 마음이 건강할 때에 내 자녀에게 무엇을 물려줄 것인가에 대해 진지하게 생각해보는 시간을 가져보세요. 전하고 싶은 인생의 경험들, 생각들, 가치관을 기록하고 전해주세요. 큰 재산을 물려주는 것보다 지혜를 얻었던 인생의 책들을 나누고, 다정한 말과 행동을 보여주는 것이 사랑하는 사람들에게 물질보다 지속가능한, 더 좋은 유산이 될 수 있습니다.

자녀나 후손에게 물려주고 싶은 것들을 정리하다 보면, 자신이 삶에서 중요하게 여기는 가치관이 보일 겁니다. 그 가치를 지켜나가는 태도, 그것이 가장 물려주고 싶은 유산이자 지금 내가 살아가야 할 방향일 것입니다.

# ● 사랑한다는 말은

"시간이 이렇게나 흘렀는데도 태양은 지구에게

'넌 나에게 빚졌어' 하고 절대 말하지 않는다.

그런 사랑으로 어떤 일이 일어나는지를 보라.

태양은 그 사랑으로 하늘 전체를 밝힌다."

하피즈 Hafiz

중년에 배워야 할 것들 중에서 난이도가 가장 높은 기술을 꼽으라면 아마도 '사랑'일 겁니다. 사랑! 참 어렵지요? 사랑이 어려운 이유는 뭘까요? 바로 정답이 없기 때문입니다. 사랑은 인간의 통제 영역이 아닌 '운명'의 영역입니다.

저는 20대 때 사랑의 고통과 슬픔으로 괴롭던 시절, 에리히 프롬의 《사랑의 기술》을 접하게 되었습니다. 아버지의 서재에서 이 책을 발견하고는 제목만 보고 흠칫 놀랐던 기억이 납니다. 읽어 보니 사랑에 대한 정신분석학적 사유를 담은 책이었습니다.

사랑에 대한 그의 해석은 명쾌합니다. 사랑은 행동이고, 서로를 발견하는 과정이며 자유이고, 책임이고, 자기 성장을 촉진하는 과정이지만, 고통을 수반한다고 이야기합니다. 인간이 만들어낸 가장 깊은 두려움인 고독에서 벗어나는 한 가지 방법이고, 타자에 대한 존중과 태도라고 정의합니다.

노래로 만들어져서 프로포즈 송으로 널리 알려진 이해인 수녀님의 시 <황홀한 고백>에서 사랑한다는 말은, '무수한 별들을 한꺼번에 쏟아내는 거대한 밤하늘'이고, '절망 속에서도 키가 크는' 말이라고 했습니다. 저는 언젠가 시골 마을의 칠흑 같은 어둠 속에서 무수한 별들이 한꺼번에 쏟아지는 광경을 본 적이 있습니다. 그때의 그 웅장하고 황홀한 풍경에 매료되었던 경험은 오랜 시간 저의 마음을 사로잡았습니다.

이쯤 되니 마치 사랑이 모든 병을 낫게 해주는 만병통치약처럼 여겨집니다.

에리히 프롬이 말하는 '사랑의 기술'과 이해인 수녀님이 언급한 '사랑한다는 말'은 많은 면에서 맞닿아 있습니다. 특히 절망 속에서도 키가 큰다는 표현은, 인생에서 만나는 곤궁과 어려움 속에서 서로 의지하며 그 시간을 잘 견디게 하는 힘이 바로 사랑이라는 것을 말해주고 있습니다.

처음 사랑을 할 때는 서로에 대한 호기심이나 나와 다른 매력 때문에 끌리기도 하지만, 일정 시간이 지나면서 그 사랑은 다른 형태의 무엇으로 바뀌기도 합니다. 그러나 분명한 것은 사랑하는 그 사람을 통해 삶을 바라보는 태도와 인식이 변하게 된다는 것입니다. 그리고 그러한 과정을 거쳐야 그것이 비로소 진정한 사랑이고, '놀랍고 황홀한 고백'이 됩니다.

에리히 프롬은, 한 사람을 사랑하면 모든 사람을 사랑하고 세계를 사랑하고 자신과 타인의 삶까지도 사랑하게 된다고 말합니다. 그래서 진정한 사랑은 어떤 한 사람을 사랑하는 것에 그치는 것이 아니라 그 사람을 통해 세상을 바라보는 태도와 눈, 그리고 삶의 방향까지도 바뀌게 된다는 것입니다. 우리가 사랑을 회복해야 하는 이유는 '사랑으로 가슴이 차 있지 않은 사람'에게서는 '새로운 미래'를 볼 수 없기 때문입니다.

미국의 심리학자이자 베스트셀러 작가인 M. 스캇 펙<sup>M.</sup> Scott Peck은 "진정한 사랑은 영원히 자신을 성장시키는 경험"이라고 말했습니다. 많은 철학자, 문인들이 주저 없이 낭만적 사랑의 아름다움을 노래하며 동시에 그 '효용'에 대해 말합니다. 사랑을 하는 사람은 그렇지 않은 사람보다 더 풍요롭고 발전적인 삶을 살 수 있습니다.

'사랑은 행동이다'라는 말은 이미 많은 분들이 삶 속에서 체감하고 계실 겁니다. 사랑을 시작할 때는 어떤 마법 같은 것이 필요하지만 그것을 키우고 유지하는 데는 희생과 이타심이 필요합니다. '상대방의 요구와 필요를 늘 나의 것보다 우선시하는 그 희생' 말입니다.

성경에 희생이라는 의미를 가진 단어로 'Korban'이 등장합니다. 이 단어의 어원적 의미는 가깝게 끌어당기는 것, 가까이 있는 것을 뜻합니다. 희생은 자신을 신에게 더 가까이 가게 만드는 고대인들의 방법이었습니다. 그리고 우리 인간이 서로를 더 가깝게 끌어당기는 방법이기도 합니다. 어떤 사람들은 우리가 사랑하기 때문에 희생한다고 말합니다. 그러나 본래 사랑은 주는 것입니다.

철학자 에픽테토스는 《담화록》에서 "인간의 가치는 얼마나 사랑받았느냐가 아니라 얼마나 주위 사람들에게 사랑을 베풀었느냐에 달려 있다"고 말했습니다. 사랑은 받는 것보다 주는 것이며 그것은 곧 우리 존재의 가치를 발산하는 일이기도 합니다. 그러나 이렇듯 위대한 사랑도 시간이 지나면 본래의 모습과는 확연히 다른 모습으로 변할 수 있습니다. 나이가 들면서 배우자와의 사랑, 친구와의 사랑, 자식과의 사랑, 주변 사람과 자연, 이 세상에 대한 사랑은 점점 그 형태를 달리할 수밖에 없습니다. 사랑의 본질을 파헤치려 하기보다는 끊임없이 주려는, 사랑하려는 '태도'를 잃지 않는 것이 중요합니다. 그러한 노력을 통해 우리는 정서적인 풍요로움과 충만함을 누리는 삶을 살 수 있을 것입니다.

# ● 사소한 루틴의 위대함

"나를 살린 것은 사소한 루틴이었습니다." 세 아이를 키우며 직장까지 다니는 멋진 워킹맘이 있습니다. 밤낮없이 읽고 쓰는 일 또한 게을리하지 않습니다. 세 아이를 키우며 일을 하면서도 자기 계발까지 하는 그녀를 보며, 도대체 당신을 그렇게 움직이게 하는 원천은 무엇이냐고 물었습니다. 그녀는 대뜸 '루틴Routine'이라고 말합니다. 루틴은 '특정한 작업을 실행하기 위한 일련의 명령'을 뜻합니다. 매일 일정한 시간에 일어나서 일정한 행동을 하는 것을 일컫지요. 아이들이 모두 잠든 늦은 밤이나 새벽, 그녀는 자신만의 루틴을 만들어 그것을 하나하나 실천하며 기나긴 육아의 터널을 빠져나올 수 있었다고 말합니다. 영어를 공부하고, 책을 읽고 글을 쓰면서 말입니다.

독서나 글쓰기가 살짝 부담스럽다면 아주 간단하게 할 수 있는 좋은 습관 하나를 제안하겠습니다. 바로 '이불 정리'입니다. 캐나다의 심리학자이자 문화비평가인 조던 피터슨 Jordan Bernt Peterson은, 그의 두 번째 저서 《12가지 인생의 법칙》에서 '세상을 탓하기 전에 방부터 정리하라'고 말합니다. 그는 위대한 정신은 현실을 탓하지 않고 삶을 혐오하지 않고 하느님을 원망하지도 않으며, 지금 당신이 고통받고 있는 것은 당연한 일이고, 인간의 능력으로 할 수 있는 일은 별로 없으며 삶은 그 자체로 비극적이라고 말합니다. 다소 회의적인 그의 '세계관'에 비하면 그가 제안하는 루틴은 꽤 작고 사소하게 느껴지기도 합니다. 그는 이런 고된 세상을 살아나갈 힘을 얻기 위해서는 우선 "당신 주변의 작은 환경부터 살펴보라"고 말합니다. 그리고 '자고 일어난 이불을 정리했는지' 독자에게 묻습니다. 이불 정리라는 말에 다들 의아할 것입니다. 그렇게 간단한 것이 '인생의 법칙' 중 하나가 될 수 있다는 말인가 하고요. 그는 복잡하고 혼란한 세상을 살아가면서 우리에게 주어진 물리적, 정신적 환경에서 벗어나기 위해서는 '정리의 힘'이 무척 중요하다고 강조합니다. 정리가 변화의 시작이고 모든 출발점이라고 언급합니다. 정리라고 하면 보통 집 정리, 부엌 정리 등 다소 큰 정리부터 시작해야 한다고 여기지만 그는 의외로 이불 정리를 강조합니다.

오사마 빈 라덴의 체포 작전을 성공적으로 이끌었던 미해군 제독 윌리엄 맥레이븐William McRaven 역시 "매일 아침 잠자리를 정돈한다는 건 그날의 첫 번째 과업을 달성했다는 뜻"이라고 힘주어 말합니다. 작지만 뭔가를 해냈다는 성취감은 그날 하루를 의욕적으로 시작하기에 충분한 에너지를 준다는 것입니다.

인생은 예측이 불가능한 일들로 가득합니다. 기분 좋게 시작한 하루가 어떤 기분으로 마무리될지는 아무도 모릅니다. 그러니 자신이 통제 가능한 일들을 찾아서 자신의 뜻대로 하는 것은 생각보다 큰 의미가 있습니다. 이런 매일의 작은 정리를 통해 하루 일과를 시작하게 되면, 만약 그 하루가 형편없이 흘러갔을지라도 집에 돌아와 잠들기 전 정리된 이불을 보거나 옷장을 보는 것만으로도 마음이 한결 정돈되는 것을 느낄 수 있을 것입니다.

루틴에 대한 이야기를 할 때 빠지지 않는 철학자 중에 칸트가 있습니다. 칸트는 규칙적인 일상생활을 한 것으로 유명합니다. 아마도 건강 때문이었을 것으로 여겨지지만, 스스로를 다잡는 일에 엄격했던 그의 도덕적 태도 덕분에 그런 생활이 가능했을 것이라는 것이 학계의 설명입니다.

칸트는 대개 이른 아침 5시 무렵에 일어나 아침 식사로 차 2잔과 1대의 담배를 피우고, 오전에는 일을 했습니다. 그러고는 2시간가량 강의를 했다고 합니다. 오후 1시에 식구들과 식사를 하고, 식후부터 오후 4시까지는 친구들과 대화를 나눴습니다. 그 뒤에는 그 유명한 오후 4시의 루틴이었던 산책을 했습니다. 독일 사람들은 원래부터 산책을 즐기지만 그의 산책이 특별한 이유는 바로 정확한 시간 때문입니다. 그는 늘 오후 4시에 산책을 나갔습니다. 어찌나 정확하게 시간을 맞추는지 시민들이 산책하는 그를 보며 시계를 맞췄다는 일화는 유명합니다. 그는 홀로 조용히 산책하면서 떠오르는 생각들을 메모장에 적으며 걸었다고 합니다. 산책 후에는 밤 10시까지 공부에 집중했습니다. 그리고 10시에는 반드시 잠자리에 들어 아침 5시까지 7시간의 수면 시간을 엄격히 지켰습니다. 그가 80세라는 (그 당시에는)고령의 나이까지 살면서 수

많은 연구와 논문, 저술 작업을 할 수 있었던 것은 이러한 규칙적인 루틴 덕분이 아닐까 생각하게 됩니다.

스스로를 통제하거나 제어하지 않으면 일상이 무너지는 경우를 우리는 너무나 쉽게 경험합니다. 그리고 그런 현상은 중년 이후에 현격히 늘어납니다. 그렇기 때문에 중년에게 일상의 루틴은 더욱 중요합니다.

루틴은 나의 시간을 자각하게 합니다. 잠시 한눈을 팔면서 시간을 흘려보내다가도 루틴을 지키지 못했다는 생각이 들면 스스로 행동을 제어하게 됩니다. 그러니 아무리 사소해보이는 것이라도 2, 3가지 정도의 루틴은 만들어 두는 것이 좋습니다. 이불 정리도 좋고 하루에 하나 영어 문장 외우기도 좋습니다. 가볍게 시작할 수 있는 것부터 선택해 조금씩 일상을 정리해나가는 것입니다.

"당신이 매일 하는 일을 바꾸기 전까지는 당신의 삶도 바뀌지 않을 것입니다. 성공의 비밀은 당신의 일상 루틴에 있습니다."

존 맥스웰John C. Maxwell

5장

# 지속가능한
# 변화를
# 유지하는 힘

# ● 자신의 몸을 돌보는 일

나이가 들수록 몸 여기저기에 적신호가 켜집니다. 친구들끼리 만나면 이야기의 시작은 '부모님의 건강 걱정'이고, 마지막은 '각자의 질병 보고'입니다. "부모님은 다들 무탈하시고?", "넌 요즘 어디 아픈 데 없고?" 여기에 더해 헤어질 때의 끝인사는 대개 "단톡방에 아까 그 병원 정보 남겨줘"가 된지 오래 되었습니다.

젊은 시절엔 그 수많은 시간을 어떻게 버렸는지 신기합니다. 지금처럼 영양제를 먹지 않고도 며칠 밤을 꼬박 새우는 적도 많았으니 말입니다. 아마도 악과 깡으로 버텼겠지요. 젊었기에 그게 '악'과 '깡'이었는지도 몰랐습니다. '열정'과 '패기'인 줄 알았습니다. 제가 방송작가로 건강 프로그램을 진행하던 시절 한 의사 선생님께서 하신 말씀이 오래도록 잊혀지지 않습니다. 그는 모든 질병은 일상에서 원인을 찾을 수 있다고 말했습니다. (유전적인 요인은 제외하고 말입니다.)

**'몸은 그 사람의 생활 습관이다.'**

지금 몸이 건강하지 않다면 분명 일상의 습관에 그 원인이 있습니다. 요즘 몸무게가 불어난 저를 가만히 살펴보니 예전만큼 움직이지 않습니다. 20, 30대 때에 비해 외부 활동도 현격히 줄었고, 사람을 만나는 횟수도 줄었습니다. 대신 가만히 앉아있는 시간은 월등히 높아졌습니다. 친하게 지내는 동갑내기 작가와 만나 여러 이야기를 나누다 소스라치게 놀란 적이 있습니다. "얼마 전 휴대폰을 봤는데 그날 하루 내 발걸음 수가 0인 거 있지! 정말 깜짝 놀랐어." 그녀의 말에 고개가 절로 끄덕여졌습니다. 저 역시 그런 날들이 부지수였으니까요. 한참 열심히 글을 쓰거나 책을 보거나 영화, 드라마를 보고 나서 휴대폰을 열어봤을 때 말입니다. 더 이상 안 되겠다 싶어 앞으로는 하루에 최소 7천 보는 걷자며 그녀와 다짐을 나누었습니다.

내 몸이 예전 같지 않다면 우선 생활 습관을 돌아보는 것이 중요합니다. 하루 일과를 순서대로 정리해보거나 식단 일지를 써보는 것도 좋습니다. 더불어 하루에 움직이는 양을 측정해보는 것도 자신의 생활 습관을 살피는 데 좋은 도구가 됩니다. 그 후 '몸'에 대한 '자기개념'을 글로 정리해보세요. 그렇게 하면 앞으로 어떻게 습관을 바꿔야 할지 알 수 있을 겁니다.

'자기개념Self-Concept'은 심리학적 용어입니다. 이것은 "나는 누구인가"라는 질문에 대한 개인적인 반응을 의미합니다. 다른 말로 '자기 이미지Self-Image', '자기 스키마Self-Schema'로 쓰이기도 합니다. 자기개념은 능력과 가치 판단뿐만 아니라 개인의 여러 가지 특성을 포함하는 광범위한 개념입니다.[28] 예를 들어 '나는 매운 음식을 좋아한다', '나는 국수를 싫어한다',

---

**28**    참고 도서: 폴라 J. 슈와넨플루겔,《독서심리학》, 서혁 외 8명 옮김, 사회평론아카데미, 2021

'나는 한식보다는 양식을 더 선호한다', '나는 특별한 날 좋은 사람들과 맛있는 음식을 먹을 때 가장 행복하다' 등은 저의 음식에 대한 '자기개념'입니다.

자기개념 안에는 그 주제에 대한 선호도뿐만 아니라 자신의 삶에서 그것을 얼마나 중요하게 인식하느냐에 대한 생각이 포함됩니다. 그래서 자기개념은 자존감Self-Esteem과는 조금 다른 동시에, 그와 마찬가지로 자신의 존재를 자각하고 존중하는 하나의 척도가 될 수 있습니다.

소설가 공지영 씨는 저서 《딸에게 주는 레시피》에서 나를 사랑하는 일은 내 몸에서부터 시작해야 한다고 조언합니다. 그리고 정신을 돌보는 것보다는 육체를 돌보는 일이 더 쉽고 빠르니 몸부터 잘 챙기라는 메시지를 전합니다. 정신과 육체를 돌보는 일은 결코 분리될 수 없습니다. 마음을 돌보는 것이 중요한 만큼 몸도 아껴주어야 합니다. 더 건강한 이후의 삶을 위해 몸에 대한 자기개념 정리와 같은 방법들을 적극적으로 활용하면서 건강한 생활 습관을 가질 수 있도록 부지런히 노력해야겠습니다.

# ● 슬픔을 공부해야 하는 이유

"사진 속에서 영친왕은 거의 무표정입니다. 그나마 이 사진 속에서 유일하게 미소 짓고 있지요." 덕수궁 내 석조전을 관람하던 중 해설사에게 들은 말입니다. 10살이 채 안된 어린 나이에 일본에 볼모로 끌려간 영친왕, 한창 부모의 손길이 필요한 나이에 낯선 타지에서 그가 느꼈을 외로움과 슬픔이 온몸으로 느껴지는 순간이었습니다. 영친왕의 생전 모습을 담은 사진들 속 그는 시종일관 무표정입니다. 그가 미소 짓는 모습을 볼 수 있는 사진은 막내딸인 덕혜옹주와 찍은 것이 유일하다고 합니다. 국권 없는 왕에게 '웃음'은 아마도 사치였겠지요.

우리는 살면서 수많은 슬픔을 겪게 됩니다. 어느 날 갑자기 사랑하는 이를 멀리 떠나보내기도 합니다. 슬픈 일을 겪지 않고 살면 그보다 더 좋은 일은 없겠지만, 슬픔은 부지불식간에 우리 앞에 나타나 큰 상흔을 남기곤 합니다. 그런데 왜 슬픔에 대처하는 방법은 아무도 가르쳐주지 않을까요? 영어나 수학보다, 그 어떤 교양보다 어쩌면 살아가는 데 있어 더 절실하게 필요한 '지식'일 텐데 말입니다.

저는 스무 살이 되던 어느 날, 친한 친구를 잃었습니다. 이제 막 성인이 되던 해에 벌어진 일이었기에 도대체 이 슬픔을 어떻게 놓아주어야 할지 알 수 없었습니다. 남은 친구들과 모여 술을 마셔도 취할 수 없었고, 믿기 힘든 현실에 목 놓아 울기도 했지만 그때뿐이었습니다. 그렇게 얼마간의 시간이 지나고 우리는 또 까맣게 그 친구를 잊고 살았습니다. 하지만 살면서 부고를 받거나 죽음에 대한 이야기를 들을 때면 문득문득 뇌리에서 잊혀진 줄 알았던 그 친구와의 추억이 떠올라 다시금 멍해지곤 합니다.

우리는 누구나 슬픔을 공부해야 합니다. 중년에겐 더욱 필요한 인생 공부입니다. 중년에 맞닥뜨리는 슬픔이라고 청춘의 그것과 다를 리 없지만, 젊은 시절에 그랬던 것처럼 마냥 목 놓아 울기만 할 수는 없습니다. 제대로 잘 배워서 슬픔에 체하지 않도록 해야 합니다. 슬픔은 결코 시간만으로 해결되지 않습니다. 그러니 슬픔을 공부하는 일에 늦은 때란 없습니다.

마르셀 프루스트Marcel Proust의 소설《잃어버린 시간을 찾아서》에는 주인공이 자신의 어린 시절을 회상하면서 삶의 의미와 가치를 탐구하는 내용이 담겨 있습니다. 프루스트는, 슬픔이 우리에게 새로운 가치를 발견하게 해주고 인간적인 존재로서의 본성을 더욱 깊이 이해할 수 있게 해준다고 말합니다. 또한 슬픔은 인간에게 불행과 아픔을 주는 것 외에도 우리 내면에 존재하는 본성을 깨우치고 새로운 가치를 발견하게 해준다는 것을 강조하고 있습니다. 마르셀 프루스트는 슬픔은 우리의 삶에 있어 필수적인 요소이기에 우리가 이를 경험하지 않으면 인간적인 존재로서의 성장과 발전이 어렵다고 믿었습니다.

이 같은 그의 철학은 심리학에서 말하는 '회복탄력성'과도 연결되는 부분이 있습니다. 회복탄력성은 '크고 작은 다양한 역경과 시련, 실패에 대한 인식을 도약의 발판으로 삼아 더 높이 뛰어오를 수 있는 마음의 근력'[29]을 의미합니다. 회복

---

**29**    위키백과 내용 참조

탄력성은 우리가 힘든 상황에서 얼마나 빠르고 적극적으로 회복할 수 있는지에 대한 능력을 말합니다. 슬픔을 겪는 사람들 중 회복탄력성이 높은 사람은 더 빠르게 슬픔에 대처하고 회복하는 경향이 있습니다.

회복탄력성에 있어 중요한 것은 속도가 아닙니다. 인생의 바닥에 닿았을 때 다시 튀어 오르는 힘, 다시 말해 내면의 슬픔을 인지하고 그 감정을 자기만의 방식으로 승화시키며 다시 일어서려는 의지가 중요한 것입니다. 그러니 빨리 일어설 필요는 없습니다. 자신에게 알맞은 방법과 시간을 들여 충분히 슬픔을 공부하면서 이겨내는 것이 슬기롭게 슬픔을 배우는 방법일 것입니다.

"눈물을 두려워하지 마라.
눈물이 가득한 눈은 진실을 볼 수 있으니,
삶의 아름다움과 축복을 볼 수 있으니."

오쇼 라즈니쉬 Osho Rajneesh

# ● 경험을 기록하라

'기록하면 인생이 심플해진다. 문제로 여겼던 것이 아무 것도 아닌 일이 되고 고민은 쉽게 풀린다.'[30]

"내가 글을 안 써서 그렇지. 쓰기만 하면 베스트셀러야." 어디서 많이 들어본 이야기인가요? 저는 오랫동안 글쓰기 수업을 해오고 있습니다. 영상매체 제작을 위한 대본부터 책을

---

[30] 김익한, 《거인의 노트》, 다산북스, 2023

읽고 쓰는 리뷰나 서평, 자기만의 경험과 생각이 드러나는 에세이, 그리고 업무에 필요한 기획안까지 다양한 글쓰기 수업을 하면서 느낀 점은 누구나 글로 쓸 만한 이야깃거리 하나쯤은 가지고 있다는 사실입니다. 아무리 쓸 게 없다고들 하지만 천천히 자신의 생각을 메모하기 시작하면 그동안 잊고 있었던 경험들이 새록새록 떠오르면서 사는 데 바빠서 놓쳤던 그간의 삶의 이야기들이 서서히 그 실체를 드러냅니다. 그래서 저는 가끔 이런 말을 합니다. "어른들의 글쓰기는 마음먹기에 달렸다"고요. 아이들이 글쓰기를 어려워하는 경우 그 원인으로는 소재 빈곤이 절대적이지만, 어른들은 그보다는 의지의 문제인 것 같습니다. 쓸 만한 소재나 주제는 충분한데 책상 앞에 앉기까지, 그리고 노트북에 손가락을 올리기까지, 더불어 그 글을 타인에게 공개하기까지 오롯이 자신의 선택과 결정에 따라야 하기 때문입니다. 자신의 선택과 결정, 즉 마음먹기에 달렸다는 뜻이겠지요.

글을 쓴다는 것은 자신의 생각과 경험을 세상 밖으로 내놓는 일입니다. 머릿속에 있던 생각은 글로 쓰이는 순간 정리되기 시작하여 나름의 서사를 갖게 됩니다. 글을 쓰는 과정에서 쓸모없다고 생각되는 경험은 버려지고, 유용하다고 느끼는 경험은 글로 기록됩니다. 이렇듯 단순했던 경험은 글로 표현되면서 새롭게 재구성되고 이야기가 되면서 의미를 지니게 됩니다. 별것 아니었던 경험이 글로 쓰여 조금은 괜찮은 이야기가 되기도 하고, 쓰기 전에는 분명 거창하게 느껴졌던 이야기가 쓰고 나니 별것 아니게 느껴지기도 합니다.

'작가들의 작가'라고 불리는 미국의 저널리스트 조앤 디디온Joan Didion은 글쓰기에 대해 다음과 같이 말했습니다. "내가 글을 쓰는 것은 전적으로 내가 무엇을 생각하고 있는지, 내가 무엇을 보고 있으며 그것이 무슨 의미인지, 내가 원하는 것과 두려워하는 것을 알아내기 위해서다." 또한 《위대한 개츠비》의 작가 스콧 피츠제럴드F. Scott Fitzgerald는 "당신은 무언가를 말하고 싶어서 쓰는 것이 아니라, 무언가 말할 것이 있기 때문에 쓰는 것이다"라고 했습니다.

우리는 보고, 듣고, 생각하는 것을 기록하는 과정을 통해 '나는 누구인가'에 대한 해답을 찾아나갈 수 있습니다. 또한 글을 쓰면서 스스로의 첫 번째 독자가 됩니다. 글로 표현된 나의 경험이 한 글자 한 글자 적히는 과정을 눈으로 보면서 한 발짝 뒤로 물러나 스스로를 들여다보게 되는 것입니다. 그래서 글쓰기는 자아 정체성을 확립해주는 좋은 도구가 될

222

수 있습니다.

　자신의 이야기를 기록해나가며 내가 겪은 일들의 의미를 스스로 해석하고 경중을 따지는 과정에서, 나는 누구인지, 내가 삶에서 중요하게 생각하는 것들은 무엇인지에 대해 다각도로 생각해볼 수도 있습니다. 또한 지질하고 보잘 것 없다고 느꼈던 경험들을 정리하면서 당시 내가 했던 말과 행동들을 되짚어보게 되고 그때는 놓쳤던 감정이나 이유, 의미를 찾기도 합니다.

　경험은 돈을 주고도 살 수 없는 자기만의 자산입니다. 그러니 작은 경험이라도 소홀히 하지 말아야 합니다. 경험을 글로 쓰면서 냉정히 들여다보는 행위는 좀 더 나은 자신을 만들고, 내 경험의 가치를 높일 수 있는 가장 쉬운 방법입니다. 자신의 경험을 객관적으로 파악하는 일은 꽤나 어렵고 힘든 일입니다. 전문가에게 고액의 비용을 지불하고 속마음을 털어놓으며 코칭과 피드백을 받는 이유는, 객관적으로 내 이야기를 들어줄 사람에게 조언을 얻기 위해서입니다. 하지만 고액의 코칭보다 값진 것은, 내 경험을 글로 적어 내려가면서 스스로의 행동과 생각에서 이유와 의미를 찾고 그 안에서 자아 정체성을 확립하는 일일 것입니다.

나이 듦에 있어 좋은 점이 있다면 아마도 다른 이들은 아직 겪어보지 못한 세월을 이미 경험했다는 일일 것입니다. 그러나 이러한 경험이 가치를 더하기 위해서는 기록을 통해 서사를 부여하고 그 안에서 의미와 정체성을 찾으려 노력해야 합니다.

교육철학자 존 듀이는 《경험과 교육》에서 진정한 교육은 경험을 통하여 이루어지지만 모든 경험이 똑같이 교육적인 것은 아니라고 말했습니다. 어떤 경험은 한 개인이 가지고 있는 기능을 특정한 방향으로 증가시키지만, 틀에 박힌 활동을 수행하는 존재로 만들어버리기도 한다는 것입니다. 그러므로 경험을 기록함으로써 그것을 인지하는 일은 매우 중요합니다. 당신의 경험이 아름다워지는 선택과 결정은 여러분의 손에 달려 있습니다. 오늘의 경험을 기록하세요.

## ● 염치 있는 사람

　　부끄러움에 대한 이야기를 할 때 빠지지 않는 시인이 있습니다. 바로 '죽는 날까지 하늘을 우러러 한 점 부끄럼이 없기를' 바랐던 시인 윤동주입니다. 우리가 잘 알고 있는 〈서시〉 외에 1948년에 쓰인 시 〈참회록懺悔錄〉에서도 윤동주는 '부끄러움'에 대해 말하고 있습니다.

　　내일이나 모레나 그 어느 즐거운 날에
　　나는 또 한 줄의 참회록을 써야 한다.
　　─ 그때 그 젊은 나이에

왜 그런 부끄런 고백을 했던가.


밤이면 밤마다 나의 거울을
손바닥으로 발바닥으로 닦아 보자.


윤동주, 〈참회록〉


〈참회록〉은 그가 창씨개명을 하기 닷새 전에 지은 시입니다. 나라를 잃은 백성으로서의 부끄러움, 반성과 성찰이 이 시에 잘 담겨 있습니다. 심지어 제목까지 '참회록'입니다. 참회록은 자서전의 일종으로 자신이 지난날에 저지른 과오를 돌아보고 반성하는 데 중점을 두고 쓴 글을 말합니다. 시에서 화자는 밤이면 밤마다 자신의 거울을 손바닥 발바닥으로 닦겠다고 다짐합니다. 이는 온몸을 바쳐 자신의 잘못을 끊임없이 성찰하고 반성하겠다는 의지의 표현이자 투철한 역사의식이 동반된 자기 성찰의 고백이기도 합니다.

1941년 11월, 일본은 조선에 창씨개명 제재 조치를 선포합니다. 말 그대로 창씨개명을 하지 않는 조선인에 대해 제재를 가하겠다는 압력이자 협박입니다. 내용은 이렇습니다. 창씨개명을 하지 않은 조선인의 자녀에 대해서는 학교의 입학과 전학을 거부한다. 행정기관의 모든 민원 사무를 취급하지 않는다. 식량 및 물자 배급 대상에서 제외한다 등의 조항입니다. 당시 윤동주는 사촌 송몽규와 함께 일본 유학을 준비 중이었습니다. 그러니 창씨개명을 하지 않으면 입학조차 할 수 없는 상황이 되어버린 것이죠. 윤동주와 송몽규는 어쩔 수 없이 창씨개명을 결심하게 되었고, 윤동주는 개명 5일 전에 참회의 마음으로 〈참회록〉을 쓰게 됩니다.

우리는 보통 부끄러움을 아는 마음을 '염치'라고 부릅니다. '사람이 말이야~ 염치가 있어야지'라고 말하며 염치를 인간의 도리로 여깁니다. 염치가 없는 사람을 몰염치한 사람이라고도 말합니다. 시인 윤동주는 공부를 위해 어쩔 수 없이 결심한 일이지만 창씨개명을 해야만 했던 자신이 못내 부끄러웠을 것입니다.

스토아 철학자인 아우렐리우스는 로마의 황제였음에도 평생 소박하면서도 차분한 삶을 살려고 노력한 사람입니다. 그는 《명상록》에서 전쟁을 수행하고 통치하는 동안 머릿속에 떠오른 생각들을 단편적으로 기록하면서, 어떻게 사는 것이 최선의 삶인지를 자기 자신에게 충고하기 위해 이 책을 썼다고 밝혔습니다.

'너는 죽어서 재가 될 것이지만, 성실과 염치와 정의와 진리는 아주 오랫동안 신의 세계로 너를 데려갈 것이다. 그러니 죽을 때까지 그 네 가지를 지키면서 살아가는 수밖에 없다.'

아우렐리우스, 《명상록》

살면서 지켜야 할 여러 가지 인생의 지침이 있지만 그중 놓치기 쉬운 것 중 하나가 부끄러움을 아는 일입니다. 염치廉恥, 그 자체를 아는 것만으로도 인간은 한층 더 겸손해질 수 있고, 한층 더 타인을 존중할 수 있으며 자기 자신을 끊임없이 성찰할 수 있습니다.

우리는 인생에서 염치 따위 저버리고 싶은 유혹들을 자주 만나게 됩니다. 유난히 피곤한 날 만원 지하철에서 빈 임산부석이나 노약자석을 보았을 때 앉고 싶은 충동이 일어납니다. 배달 음식을 먹고 나온 재활용 쓰레기를 버려야 할 때도 마찬가지입니다. 용기를 깨끗하게 비워내고 버려야 재활용의 가치가 있다는 사실을 알지만 귀찮아서 그냥 버리고 싶은 욕망이 일 때가 있습니다. 그때, 염치가 있는 사람이라면 조금은 귀찮고 힘들어도 그 감정을 이겨내고 옳다고 생각하는 일을 해낼 것입니다.

부끄러움은 이처럼 삶에서 끊임없이 만나게 되는 크고 작은 유혹을 이겨내는 데 있어 나만의 기준이 되어줍니다. 그래서 부끄러움을 아는 사람 즉, 염치가 있는 사람은 그 유혹에도 쉽게 흔들리지 않습니다.

어떤 일을 해야 하는 데 망설여진다면, "내가 이 일을 했을 때 5년 후, 10년 후 부끄럽지 않을까?"라는 질문을 스스로에게 던져보세요. 어떤 일을 해야 하고, 어떤 일을 하지 말아야 하는지 분명하게 알게 될 것입니다.

건강한 사회는 이렇듯 염치 있는 사람들이 만들어갑니다. 그러니 늘 오만하지 말고 염치를 아는, 부끄러움을 아는 어른으로 성숙해야겠습니다. 부끄러움을 아는 것이 당신의 삶에 나침반 같은 역할을 할 것입니다.

# ● 자신을 사랑한다는 것

"내가 바퀴벌레로 변하면 어떻게 할 거야?" 요즘 사람들 사이에서 유행하는 질문입니다. MBTI가 휩쓸고 지나간 자리를 이 질문이 채우고 있는 모양입니다. 이 질문의 시작은 아마도 1915년에 출간된 프란츠 카프카Franz Kafka의 소설《변신》에서 찾을 수 있을 것 같습니다. 소설의 주인공 '그레고르 잠자'는 어느 날 자고 일어나 자신이 바퀴벌레로 변했다는 것을 알게 됩니다. 집 안에는 아무도 출입한 흔적이 없었기에 가족들은 바퀴벌레로 변한 잠자의 존재를 인정합니다. 하지만 이후 문제가 발생합니다. 그의 혐오스러운 모습과 함께 소통의 단절로 인해 가족들이 갈수록 그를 차갑게 대하기 시작한 것입니다. 결국 그는 아버지가 던진 사과에 맞아 상처를 입고 그것이 악화되어 쓸쓸한 죽음을 맞이하게 됩니다. 그리고 그의 시체는 쓰레기처럼 버려집니다.

다시 서두의 질문으로 돌아가 보겠습니다. 당신은 가족이나 연인이 바퀴벌레로 변한다면 어떻게 할 건가요? 사람들은 왜 주변인들에게 보기 싫은 '벌레'에 빗댄 이런 질문을 하는 것일까요?

인간은 타인으로부터 자신에 대한 사랑을 확인받고 싶어 하는 성향이 있습니다. 상대가 나를 얼마나 애지중지하는지, 그 정도가 얼마만큼인지 순간순간 확인하고 싶어 합니다. 물에 빠지면 누구를 먼저 구할 거냐는 질문 역시 비슷한 맥락입니다. 자신이 '흉측한' 바퀴벌레로 변했을 때, 혹은 극한의 상황에 처했을 때 자신을 향한 상대의 태도로 애정과 사랑을 확인하는 것입니다. 현실적이지도 않고 실효성도 없는 이런 질문을 하는 이유는 바로 타인에게 자신의 존재의 소중함, 즉 자아존중감을 확인받고 싶기 때문입니다.

그러나 당연하게도 자아존중감은 타인에 의해 규정되는 것이 아닙니다. 100여 년 전부터 많은 학자들은 자아존중감에 대해 다양한 연구를 진행하고 또 발전시켰습니다. 수많은 검사 도구들을 통해 개인이 스스로 자아존중감을 체크해 볼 수 있는 방법들도 선보이고 있습니다. 하지만 자아존중감에 있어 무엇보다 중요한 것은 자신이 스스로를 어떻게 생각하고 평가하느냐일 것입니다. 그런 의미에서 '자존심'과 구분되기도 합니다.

의지력, 자존감 등 자기 동기 분야에 있어 탁월한 연구를 지속해온 미국의 사회심리학자 로이 바우마이스터Roy Baumeister 교수는, 자아존중감이 높은 사람은 자신의 삶을 스스로 통제할 수 있다고 믿기에, 도전 의식이 높고 자신감도 있어서 타인과의 상호작용에서 긍정적인 역량을 보여준다고 말했습니다. 긍정적이고 낙천적인 생각과 신념은 자신이 직면한 위험이나 극한의 상황에서도 발휘되어 타인의 생각과 판단이 아닌 자신의 생각과 판단에 확신을 가지고 이를 표현하게 된다고 합니다.

중년이 되면 종종 왠지 모르게 위축되는 자신을 발견하게 됩니다. 키오스크 앞에서 오랫동안 머물고 있는 나를 자각할 때, 새로운 기기나 문물의 생소함에 난처해질 때 등 때때로 자아존중감은 바닥까지 떨어지기도 합니다. 물론 새로운 것들은 배우고 익히면 될 것들입니다. 하지만 어느 정도 시간이 지나도 익숙해지지 않는 것들이 있습니다. 나이 드는 동물로서의 자연스러운 생리적 퇴보이기도 하고, 단순히 흥미의 차이일지도 모릅니다. 그러나 이런 것들로 인해 자기 자신을 존중하는 마음과 태도를 잃어버려선 안 됩니다. 모르는 것은 배우면 되고, 그래도 안 되는 것은 타인에게 도움을 청하면 됩니다.

우리는 좀 더 여유롭게 자신을 바라봐야 합니다. 자아존중감은 삶의 위기 상황에서 발현됩니다. 우리가 삶에서 직면하게 되는 다양한 위기에 대처하기 위해서는 무엇보다 자신을 긍정적으로 바라보는 태도가 매우 중요합니다. 극한의 상황에 처한 나 자신을 구할 사람은 바로 '나'이기 때문입니다.

중년기에 자존감을 높이고 긍정적인 태도를 유지하기 위한 핵심은, 자신은 물론 외부에 대해 열린 마음으로 변화를 받아들이는 자세입니다. 시시때때로 달라지는 신체적 변화는 당황스럽겠지만 세월의 흐름에 의한 자연스러운 현상이라고 관대하게 받아들여 봅시다.

새로운 경험이나 기술을 두려워하지 말고 의욕적으로 배우려는 자세를 가져야 합니다. 그리고 이러한 도전을 개인적 성장의 기회로 받아들이려는 마음가짐이 필요합니다.

또한 자기 의심이나 불안으로 인해 마음이 흔들릴 때 조언과 격려를 해줄 친구, 가족을 곁에 두는 것도 중요합니다. 필요에 따라서는 전문가들과의 도움을 받는 것도 꺼리지 마세요. 비슷한 상황, 위치에 있는 사람들과 소통하는 것, 전문가의 조언을 얻는 일은 살면서 큰 마음의 안정감을 줄 것입니다.

또한 중년이라는 시기는, 자신의 목표와 가치, 관심사에 대해 한번쯤 객관적인 평가를 내려야 할 때임을 알아야 합니다. 자기 객관화와 자아 성찰을 위해 충분히 시간을 할애하세요. 중년의 시기야말로 스스로의 욕망과 열정을 발현하고 이를 자신의 발전을 위해 활용할 수 있는 이상적인 때입니다.

# ● 탁월함을 발견하라

**"인간은 언제 탁월해지는가?"**

눈을 감아보세요. 가만히 자신의 강점을 5가지만 머릿속에 떠올려보세요. 그리고 그것들을 하나씩 소리내어 말해봅니다. 너무 길게 생각하지 않습니다. 간단하고 짧게 한 문장으로 간결하게 말하면 됩니다. 어떤 것을 꼽아야 할지 난감하다고요? 제가 먼저 시범을 보여 드릴게요. 저의 강점은 첫 번째 목소리가 크다는 겁니다. 두 번째 호기심이 많습니다. 세 번째 뭐든 잘 도전합니다. 네 번째 아침에 일찍 일어납니다.

다섯 번째 힘들었던 일은 쉽게 잘 잊습니다. 이처럼 대단한 것들이 아니어도 좋습니다. 강점을 말하고 나니 어때요? 자신이 조금은 괜찮은 사람으로 느껴지나요? 도저히 스스로의 강점을 찾지 못하겠다면 지인이나 가족에게 넌지시 물어보세요. 문자로 물어보는 것을 권장합니다.

### "당신의 강점은 무엇인가요?"

이런 질문을 갑작스레 던지면 보통은 금방 답변하지 못합니다. 우리는 자신의 강점이나 장점에 대해 스스로 말하기를 꺼려하기 때문입니다. 그렇게 교육을 받고 자랐으니까요. 우리는 장점을 그러내기보다 단점을 찾아 그것을 없애는 일에 몰두하고 있습니다.

저는 '탁월하다'라는 단어를 좋아합니다. 탁월하다는 것은 다른 것에 비해 월등히 '뛰어난 무언가'라는 뜻이지요. 인간은 하나의 우주입니다. 사람마다 잘하는 것이 모두 다릅니다. 공부를 잘하는 사람이 있듯이 운동을 잘하는 사람이 있고, 노래를 잘하는 사람이 있듯 춤을 잘 추는 사람이 있습니다. 내가 무엇을 잘하고 어디에 강점이 있는지 아는 것은 나의 '탁월성'을 높이는 가장 좋은 방법입니다. 탁월성은 그 사람의 존재감을 높여주고, 평범함에서 탈피할 수 있는 계기를 마련해줍니다. 자신의 강점을 부각시키고 이를 자신만의 탁월성으로 발현하고자 한다면 한 가지 꼭 염두에 두어야 할 것이 있습니다. 바로 자기 자신을 '냉정과 열정'을 가지고 바라봐야 한다는 것입니다.

자신의 강점을 찾는 데 '열정'을 발휘하십시오. 자신을 탐험하고 살펴보는 일에는 뜨거운 열정이 필수입니다. 어설프고 미지근한 온도로는 자신의 강점을 찾는 데 집중하기 어렵습니다.

그러고 나서 자신이 찾은 강점을 '냉정'한 눈으로 바라봅니다. 모든 강점이 다 자신만의 능력을 최대치로 올리는 탁월성으로 변환되지는 않습니다. 나의 강점이라고 생각하는 부분에 대해 조금은 냉정한 시선으로 관찰하고 그중에서 나만의 무기가 될 수 있는 것을 면밀히 살핍니다. 이때 냉정함은 스스로를 객관적으로 바라보는 도구입니다. 자신을 탁월하게 만드는 방법은 이렇듯 냉정과 열정 사이에서 자신을 명확하게 바라보는 태도에서 시작됩니다.

인간은 누구나 탁월한 무언가를 가지고 태어납니다. 생

각해보세요. 어린아이가 우리에게 보여주는 천재성을요. 누가 가르쳐주지 않았는데도 스스로 보고 듣는 모든 것을 따라했던 말과 행동들 말입니다. 춤과 노래를 따라하고, 몇 번 보지도 않은 조립 장난감을 뚝딱뚝딱 맞추고, 자신의 감정과 생각을 놀라운 그림으로 표현하고… 우리 모두는 그런 존재들이었습니다. 하지만 교육이라는 제도권에 들어오면서 그 빛은 점점 사라집니다. 그러면서 모두가 비슷한 사람이 됩니다. 왜일까요? 바로 강점을 강화시키는 것이 아니라 단점에 집중해 그것을 고치려는 방식으로 교육이 진행되기 때문입니다. 몇 년간 그 과정을 거치게 되면 탁월함이 빛났던 아이는 평범한 아이로 변하게 됩니다. 그리고 취업이 잘 되는 전공 과목을 찾아 탁월함이 전혀 발현되지 않는 획일적인 공부를 합니다. 그렇게 자신의 탁월함을 잊어버린 채 중년이 되어 갑니다.

중년에는 자신의 강점을 찾아 탁월성을 발휘하기에 좋은 시기입니다. 냉정과 열정 사이에서 나를 바라보고, 나만의 강점을 잘 찾아, 나란 사람의 탁월성을 높이게 되면 내 안에 있는 단점들은 사라지거나 점차 줄어들게 됩니다.

저는 글쓰기 수업에서 글에 대한 피드백을 줄 때 장점만을 언급합니다. 첨삭이라는 단어도 쓰지 않습니다. 글의 장점에 대한 피드백 및 코칭이라는 용어를 사용합니다. 글은 그 사람의 생각입니다. 사람에 따라 표현 방식 역시 모두 다릅니다. 어떤 이는 묘사를 잘하고, 어떤 이는 대화체를 잘 씁니다. 객관적이고 논리적인 글을 잘 쓰는 사람도 있습니다. 글에도 각자의 강점이 담겨 있는 것입니다. 만약 제가 첨삭을 통해 제 기준에 맞춰 글을 수정하게 되면, 그 글은 글쓴이의 강점이 드러나는 글이 아닌 평범한 글, 누구든 쓸 수 있는 그런 글이 될 것입니다. 하지만 자신만의 강점을 최대한으로 끌어올려서 쓰게 되면 그것은 세상에 하나뿐인 유일한 글이 됩니다. 탁월성은 그렇게 발현되는 것입니다.

자신의 강점을 매일 마음속으로 생각하고 되뇌고 글로 써보세요. 자신의 탁월성은 자신의 강점을 냉정과 열정 사이에서 잘 조절할 수 있을 때 비로소 빛을 발하는 것이니까요.

# ● 몰입의 기쁨

'자주 몰입하는 사람일수록 더 행복하게, 더 큰 성취감을 느끼면서 살아간다.'[31]

인류의 가장 큰 의문 중 하나는 '어떻게 하면 행복하게 살 수 있는가'일 것입니다.

25년 동안 한 회사에 다니며 '고인물'이라는 말을 들으면서도 내내 꿋꿋이 버티던 K씨는 임원 승진을 코앞에 두고 어느 날 돌연 사표를 냈습니다. 만나는 사람마다 그에게 '이제 와서 왜 그 좋은 직장을 그만뒀어? 그럴 거면 진작 그만두지' 라는 말을 합니다. 사람 좋은 웃음으로 아무렇지 않게 응수하던 그는, 어느 날 한 모임에서 버럭 소리를 지르고 말았습니다.

**"나도 좀 행복하려고 그랬다!"**

그의 한 마디에 모임의 분위기는 순식간에 얼어붙었습니다. 25년 동안 단 한 번도 직장 생활의 괴로움을 토로한 적 없었고, 오히려 사람들이 회사 생활로 어려움을 겪고 있으면 따뜻한 위로와 조언으로 주변을 밝게 해주던 사람이었기 때문입니다.

행복, 언제부터인가 잊고 살았던 단어입니다. 경쟁이 만연한 시대에 '행복'을 외치는 것만으로도 왠지 사치라고 여겨졌습니다. 하지만 우리는 어떤 형태로든 행복으로 나아가고 싶어 합니다. 그래서 고민하고, 그래서 아파합니다. 그는 회사를 다니는 내내 행복하지 않았다고 합니다. 승진을 하고 상여금을 받았을 때는 기쁘지만 행복하지는 않다는 것이 그의 최종 결론이었다고 합니다. 그 후 퇴사의 진짜 이유에 대해 묻는 이들에게 그는 단칼에 "행복하고 싶어서"라고 말합니다. 신기한 것은 그가 '행복하고 싶다'고 하자 어느 누구도 더 이상의 질문을 하지 않습니다. 오히려 그를 응원하고, 그의 요즘 삶에 대해 궁금해합니다. 이제 그의 본격적인 '행복 찾기'가 몹시 궁금해집니다.

행복해지기 위해 그가 제일 먼저 시작한 일은 '달리기'였습니다. 한강 근처에 살고 있는 그는 평일 오전 한강을 달리는 러너들이 내내 부러웠다고 합니다. 러너들의 성지로 불리는 잠수교 근처에 살고 있지만 정작 자신은 단 한 번도 그곳을 걸어본 적조차 없었다는 것입니다. 주말이면 사람들로 북새통을 이루는 그곳을 애써 찾지 않았던 까닭입니다. 하지만 평일 오전 잠수교의 풍경은 사뭇 다릅니다. 여유롭게 오전을 즐기는 사람들이 즐비한 가운데 단연 눈에 띄는 사람들은 잠수교를 달리는 러너들입니다. 출근하는 버스 안에서, 퇴근하는 차 안에서 그곳을 달리는 러너들을 바라볼 때면 그들은 대체 무엇 때문에 저리 달릴까? 내심 궁금했다고 합니다. 그는 퇴사 후 그 궁금증도 풀 겸 달리기를 제대로 시작했다고 합니다. 홀로 달리다가 러닝 모임에 등록하고 나서는 봄, 가을에 마라톤에도 도전했습니다.

그에게 달리기의 매력에 대해 물었습니다. 그는 무엇보다 달리는 그 순간, 자신에게 몰입할 수 있다는 것이 가장 큰 즐거움이라고 말했습니다. 달리면 자신의 호흡에 집중하게 됩니다. 거칠게 숨 쉴 때도 있고, 자기만의 속도로 리듬감 있는 호흡을 할 때도 있습니다. 내쉬는 호흡에 따라 자신의 몸과 마음 그리고 과거와 현재, 미래의 시간에 집중할 수 있다는 것이 그가 말하는 달리기의 매력입니다. 물론 명상을 하거나 걷기, 산책도 몰입을 체험할 수 있는 좋은 행위입니다. 하지만 달리기만큼 단 시간에 내면의 자신과 만나게 되는 운동은 흔치 않습니다.

긍정심리학자 미하이 칙센트미하이는 '몰입flow'의 개념을 대중에게 널리 알린 학자입니다. 그는 생애 "최고의 순간은 까다롭고 노력할 만한 가치가 있는 무언가를 성취하기 위해 자발적으로 자신의 신체 혹은 마음을 한계 수준까지 확장시킬 때 찾아온다"[32]고 말했습니다. 더불어 그는 "성인들도 열정을 쏟아 완전히 푹 빠질 수 있는 일을 적극적으로 추구"하길 원한다는 것을 발견했습니다. 그는 몰입을 경험한 이들은 자의식과 타인과의 비교에서 해방되고, 긍정적인 감정이 치솟고 부정적인 감정이 가라앉는다고 밝혔습니다. 미하이 칙

**31, 32**  미하이 칙센트미하이·크리스틴 웨인코프 듀란소·필립 래터, 《달리기, 몰입의 즐거움》, 제효영 옮김, 샘터, 2019

센트미하이 박사는 대다수의 사람들이 휴식을 취하고 쉴 때 더 행복하다고 '생각'하는데, 실제 '언제 가장 행복하냐'는 질문이 주어지면 무언가에 푹 빠져 있거나 과제의 해결을 위해 몰두했을 때라고 답변하는 경우가 더 많다고 했습니다. 달리기는 인간이 가장 쉽게 몰입을 경험하게 하는 도구입니다. 가쁜 숨을 내쉬며 한 발 한 발 내딛으며 자신에게 몰입하다 보면 어느새 내가 한계라고 설정해놓았던 지점까지 와 있는 자신을 발견하게 됩니다. 체코의 전설적인 천재 러너 에밀 자토페크Emil Zatopek는 이런 말을 남겼습니다.

"우승을 원한다면 단거리를 경주하라. 그러나 인생을 경험하고 싶다면 장거리를 달려라."

그가 마라토너로 활동할 당시 체코슬로바키아는 독일과 나치, 공산당의 침공과 통제를 받았습니다. 잠시나마 프라하의 봄을 만끽했지만 다시 소련의 통제를 받아야 했습니다. 자신의 주변을 둘러싼 여러 어려움을 잠시나마 잊기 위해 그가 선택할 수 있었던 것은 오직 달리는 일이었을 겁니다. 그를 소재로 한 소설 《달리기》는 프랑스 문학계에서 이단아로 불리는 소설가 장 에슈노즈Jean Echenoz에 의해 장편소설로 탄생했습니다. 그 소설의 옮긴이의 말에는 이런 말이 있습니다. '일정 구간을 정해놓고 그저 달리는 것.' 어쩌면 이 한 줄이 '몰입'을 설명하는 가장 적확한 문장이 아닐까 싶습니다.

　　미하이 칙센트미하이는 달리기를 통해 끈기, 인내, 그리고 목표 달성 능력을 향상시킬 수 있다고 말합니다. 달리기를 통해 터득한 이러한 능력은 삶의 다른 영역에서도 활용될 수 있습니다. 우리 인생에서도 각자 일정한 구간을 정해놓고, 한 번쯤 오로지 '달리는 일'에만 몰입해보는 건 어떨까요? 그렇게 경험한 몰입은 인생의 고난과 역경을 이겨낼 수 있는, 스스로 행복을 찾아나갈 수 있는 방법을 알려줄 수 있을 겁니다.

# ● 세련된 사람이 되는 법

'세련洗練되다'라는 말은, '서투르거나 어색한 데가 없이 능숙하게 잘 다듬어져 있다'는 의미입니다. 보통 '세련'이란 단어는 외모나 패션과 연관되어 거론되지만 이제는 내면의 세련에 대해 생각해봐야 할 때입니다.

중년이 되면 삶의 질을 한층 끌어올려야 합니다. 그동안 소위 말하는 '먹고 살기 바빠' 자신을 돌볼 겨를도 없었고, 주변을 살필 여력 또한 없었습니다. 하지만 슬슬 자기만의 시간을 확보해야 하고, 쓰던 언어나 삶의 태도들도 조금씩 정리해나가야 합니다. 중년이 되어서도 여전히 젊은 날의 말투와 태도로 일관하려 하는 것은 세련되지 못한 '촌스러운' 삶의 태도입니다.

세련된 태도를 갖춘 사람이 되기 위해 가장 필요한 것은 바로 추론 능력입니다. 급변하는 시대에 새로운 기술을 익히는 것도 자신의 행동반경을 넓히고 다변화된 정보를 접할 수 있는 좋은 방법이지만, 그보다는 먼저 삶에 있어 근본적인 '기술'을 습득하는 것이 필요합니다. 그리고 추론 능력은 일상을 사는 데 꼭 필요한 기본적인 기술 중 하나입니다.

추론 능력은 독해, 즉 읽기를 통해 향상됩니다. 읽기에는 여러 단계가 있습니다. 시작은 글자를 있는 그대로 읽는 해독解讀, 즉 디코딩Decoding 단계입니다. 대개 어린아이들이 글자를 익힐 때 손으로 한 글자 한 글자 짚어가면서 읽는 순간이 오지요. 부호화된 글자를 읽는 것입니다. 문자만 읽을 줄 알면 해독은 누구나 할 수 있습니다. 하지만 진정한 읽기는 해독에서 독해로 이어질 때 시작됩니다.

문해력이 이슈로 떠오르면서 '글자는 읽는데 글의 의미를 읽어내지 못하는 사람들'이 급증하고 있다는 뉴스가 연일 보도되고 있습니다. 글자를 해독은 하지만 독해로 이르지 못하는 경우를 말하는 것이지요.

해독을 거친 단어와 문장은 독해를 통해 그 의미를 파악하게 됩니다. 독해는 글에 쓰인 단어의 의미를 단순히 조합하는 것 이상을 말합니다. 글의 내용을 이해하기 위해서는 단어의 의미 너머의 문맥을 생각해야 합니다. 글에는 독자가 그글을 이해하는 데 필요한 모든 정보를 충분히 담고 있지 않습니다. 글에 쓰인 언어는 필자가 전하고자 하는 메시지에 따라길을 열어주는 나침판에 불과합니다. 독자는 자신이 가지고있는 사전지식(배경지식)을 총동원하여 글의 의미를 파악해야 합니다. 이때 추론 능력이 발휘됩니다.

추론의 종류에는 참조 추론, 교량 추론, 정교화 추론이있습니다. 이 중 교량 추론이 '배경지식'을 활용해 글을 일관되고 쉽게 이해하는 데 필요한 능력입니다. 예를 들면 '엄마는어제 목욕탕에 다녀오셨다. 엄마의 얼굴에서 유난히 광이 난다.' 이 글을 읽으며 독자는 추론을 하게 됩니다. 엄마가 목욕탕에 간 사건과 엄마의 얼굴에서 광이 난 사건과의 관계를 말입니다. 그리고 추론하게 됩니다. 목욕탕에서 엄마가 사우나를 하시거나 마사지를 받으셨나 보군! 하고 말입니다.

이렇게 추론 능력은 글이나 말 속에 감추어진 것을 미루어 짐작하는 것이 아니라, 글이나 말을 토대로 살피는 것입니다. 이때 개인이 가지고 있는 배경지식은 추론을 더욱 더 활성화시켜줍니다.

관련 연구에 따르면, 나이가 들수록 추론 과정에서 사전지식을 더 많이 활용한다고 합니다. 어린아이들의 경우 사전지식이 부족해서 활용하지 못하는 경우도 있고, 사전지식이 있다고 하더라도 독해 과정에 이를 상황과 문맥에 맞게 끌어내지 못하는 경우도 많다고 합니다.

세련된 중년의 조건 중 하나는 남들보다 한발 앞선 센스와 배려가 아닐까 합니다. 상대가 필요로 하는 것을 개인적인 감정에 따라 '미루어 짐작하는 것'이 아닌, 그의 평소 말과 글 그리고 상대를 향한 '배경지식'을 활용해서 추론하는 그런 사람입니다.

주변에서 추론 능력이 발달한 사람들을 자주 보게 됩니다. 그들의 공통된 특징은 평소 상대를 잘 관찰하고 그들의 행동을 세심하게 기억해 상대에 대한 배경지식을 충분히 쌓았다는 것입니다. 그리고 적재적소에 추론 능력을 발휘해 분위기를 고조시키는 능력을 갖고 있는 사람입니다.

더불어 세련된 중년이라면 자기를 객관적으로 바라볼 줄 아는 '자기 객관화' 능력이 필요합니다. 자기 객관화는 자신의 생각과 감정, 행동을 객관적인 시선으로 바라보고 이해하는 능력을 말합니다. 다시 말해, 자기 자신을 마치 다른 사람처럼 바라보는 것을 의미합니다. 자기 객관화가 중요한 이유는 이것이 자아의식을 향상시켜 자신의 강점과 약점을 인식하고 더 나은 의사 결정을 내릴 수 있도록 도와주기 때문입니다. 자기 객관화가 잘되는 경우, 그렇지 않은 경우에 비해 개인적인 성장과 발전이 더 잘 이루어질 수 있습니다.

자기 객관화가 잘되지 않는 경우에는 자신을 객관적으로 바라보는 능력이 부족해서 주관적인 시각과 감정에 과도하게 치우치게 되고, 이로 인해 자신을 제대로 파악할 수 없게 되면서 타인에 의한 평가에도 매우 취약해질 수 있습니다. 예를 들면 타인에 의해 아낌없는 칭찬을 받게 되어도 이를 오해하거나 왜곡하는 경우가 생깁니다. 혹평을 받았을 때 역시 마찬가지이고요.

자기 객관화는 인간의 삶에서 매우 중요한 도구이자 잣대입니다. 자기 객관화가 되지 않으면 소위 말하는 '꼰대'나 '어른스럽지 못한 사람'이 될 수 있습니다. 그렇다면 자기 객관화라는 능력은 어떻게 키워나갈 수 있을까요?

우선 자신의 감정과 행동을 객관적으로 바라보려는 태

도가 필요합니다. 이를 위해 일기 쓰기를 추천합니다. 일기는 하루 일과를 적는 기록입니다. 일기를 나의 행동과 감정을 중심으로 적어 가면서 나의 행동과 감정을 객관적으로 바라보는 관점을 길러보세요. 나의 행동이나 감정 표현 중 지나치게 과했거나 소극적이었던 것이 무엇이었는지 객관적으로 살펴볼 수 있게 됩니다.

더불어 타인의 피드백을 겸허히 받아들이는 습관을 갖는 것이 좋습니다. 주변의 믿을 만한 사람에게 나의 행동이나 감정 표현에 대한 피드백을 요청하고 그것을 가감없이 수용하는 태도과 마음가짐이 절대적으로 필요합니다. 또한 예측할 수 없는 어떤 상황에 처했을 때는 한 템포 숨을 멈추고 그 상황을 자신의 입장이 아닌 타인의 입장에서 한 번쯤 비판적으로 바라보는 시간을 갖는 것도 자기 객관화 훈련에 도움이 될 것입니다.

세련된 중년이 되는 비결은 좋은 옷을 걸치고 좋은 자동차를 소유하는 것이 아닙니다. 평소 타인에 대한 관찰을 근거로 한 '한 발 앞선' 배려와 센스를 갖춘 '추론 능력'과 '반 발 멀리 떨어져서' 자기를 객관적으로 바라보는 자기 객관화야말로 세련된 중년의 필수 요건일 것입니다.

## ● 당신은 잘 살고 있습니다

　　우리는 수없이 많은 데이터의 홍수 속에 삽니다. 그 안에서 나에게 필요한 정보를 고르는 것과 그 정보를 지식화하는 작업이 무엇보다 중요해졌습니다. 불과 몇 십 년 전만 해도 인터넷에서 정보를 검색하는 직업이 존재했으나 이제는 스마트폰만 있어도 누구나 원하는 정보를 얻을 수 있습니다. 질문만 잘 입력하면 인공지능이 꽤 읽을 만한 글을 써주기도 합니다.

　　세상은 이토록 빠르게 변화하고 있습니다. 그 속도를 따라가지 못해 당황하거나 불안을 느끼기도 합니다. 그리고 '그냥 이렇게 살아도 되는 건가?' 자문하게 됩니다. 지금 나의 삶의 방식이 옳은지, 다른 사람들과의 관계는 괜찮은 건지, 하고 있는 일을 계속해도 될지 등 당연하다고 여겼던 것들에 조금씩 틈이 생기면서 나와 내 삶에 대해 문득 의문을 품게 되는 것입니다. '나는 과연 잘 살고 있는 걸까?' 하고요.

'잘 산다'라는 말에는 다양한 주관적 해석이 담길 것입니다. 그러나 이 질문에 답하기 전에 공통적으로 우선시해야 할 것은 바로 '나는 어떤 사람인가'를 아는 것입니다. 나의 본성을 자각하고 그에 따르는 삶은 그 자체로 나다운 삶이고 의미 있는 삶이 될 것입니다. 그러니 우리는 잘 살기 위해 우선 나를 잘 들여다보고 발전시켜 나가야 합니다. 다음은 더 나은 삶을 위해 노력해야 할 지침들입니다.

첫 번째는 변화와 낯섦을 두려워하지 않는 것입니다. 새로운 상황에 직면하게 되면 우리는 불안을 느낍니다. 불안은 두려움이자 공포입니다. 내가 새로운 기계나 시스템을 잘 익히고 활용할 수 있을까? 하는 걱정 같은 것입니다. 두려움에서 시작된 이 같은 불안은 공포로 확장됩니다. 만약 내가 새로운 기계나 시스템에 적응하지 못하거나 활용하지 못하면 사회적으로 도태되는 건 아닌지 염려스럽기까지 합니다. 반면 잘 살고 있는 사람이라면 이런 변화와 낯섦에 대해 좀 더 의연하게 대처합니다. 잘 모르면 타인에게 물어보면 되고, 물어봐도 모르면 도움을 요청하면 됩니다. 새로운 변화에 익숙해지려면 누구나 시간이 필요합니다. 키오스크가 처음 등장했을 때 당황했던 분들도 약간의 적응기를 거치면서 능숙하게 사용하곤 합니다. 그러니 변화에 대해 두려움보다는 호기심을 가져보는 건 어떨까요? 호기심이야말로 내가 지금 '잘 살고 있다는 좋은 증거'니까요.

두 번째, 감정기복이 심하지 않은 온화한 마음 상태를 유지하는 것입니다. 우리는 살면서 다양한 상황에 직면하며 감정의 변화를 경험하게 됩니다. 감정기복이 심하면 일상의 리듬이 깨집니다. 감정에 따라 태가 달라지기도 합니다. 그렇게 되면 그런 나의 모습을 보는 타인뿐만 아니라 자기 자신에게도 실망하게 됩니다. 만약 어떠한 일로 인해 감정이 요동치는 것이 느껴진다면 마음이 평온함을 되찾을 수 있도록 스스로 조절할 수 있어야 합니다. 그러기 위해서는 자신의 감정 변화에 스스로 민감할 수 있도록 자신에게 집중하는 연습이 필요합니다.

세 번째, 타인에게 쉽게 에너지를 빼앗기지 않는 삶을

살아야 합니다. 누군가와 가벼운 티타임을 했을 뿐인데 집으로 돌아오면 에너지가 모두 소진되어 버린 경험을 자주 하고 계신가요? 격한 운동을 한 것도 아니고, 고난이도의 일을 한 것도 아닌데 누군가를 만난 후에 힘이 다 빠져버린다면, 그런 만남은 줄이는 것이 좋습니다. 그는 나와 맞지 않는 사람, 즉 나의 에너지를 많이 소모하게 만드는 존재입니다.

잘 산다는 것은 특별한 무언가가 필요한 일이 아닙니다. 그저 후회 없는 하루를 보내고 그 안에서 기쁨과 만족을 느낀다면 그것으로 충분합니다.

# 불안 대신 인문학을 선택했습니다

1판 1쇄 발행 2023년 11월 6일

지은이 이윤영
발행인 오영진 김진갑
발행처 나무의철학

책임편집 유인경
기획편집 박수진 박민희 박은화
디자인팀 안윤민 김현주 강재준
마케팅 박시현 박준서 조성은 김수연
경영지원 이혜선

출판등록 2006년 1월 11일 제313-2006-15호
주소 서울시 마포구 월드컵북로5가길 12 서교빌딩 2층
원고 투고 및 독자 문의 midnightbookstore@naver.com
전화 02-332-3310 팩스 02-332-7741
블로그 blog.naver.com/midnightbookstore
페이스북 www.facebook.com/tornadobook
인스타그램 @tornadobooks

ISBN 979-11-5851-279-8 (03100)